ARCHAEOLOGY

考古学：发现世界的秘密

Discovering the World's Secrets

［英］盖纳·艾尔特南（Gaynor Aaltonen） 著

胡群琼 白芸子 译

重庆大学出版社

→ 谨以此书献给伊泽贝尔 ←

目　录

前言

在位于法国南部于泽斯的一处新罗马城——乌西塔遗址中发现一些细节，这些细节出现在马赛克地板上。

有序是天堂的第一法则。

——亚历山大·蒲柏

考古学打开了一扇时间之门。它让我们为图坦卡蒙法老墓的富有而惊奇，也让我们为那些生活在中世纪封建领地上艰难度日的奴隶而难过，还让我们领略到原始社会崇高的洞穴艺术带给人类的震撼。从一开始，考古学就通过整理、分析和严格重新整理过去的证据来挑战既定的观点，从而改变我们对古代世界的看法。本书由若干章节组成，它帮助我们重现人类生活，理解过去的世界，以及重新书写智人的历史。

21世纪的考古学，已经成为一门严格、严谨的学科。解释人类历史需要多项技能，也需要科学的方法作为支撑。目前，神秘感和戏剧性的重大发现依然存在，但是这些与严谨的学术以及纯粹的辛勤工作共同存在。科技的重大进步帮助我们发现历史、理解历史及重现历史，这些东西让我们对现在的世界有了更多的了解，比如气候变暖现象。考古学给我们提供了一个渠道，也就是说，给了我们了解人类丰富经历的渠道。

新发现及挑战

一些考古界的故事才刚刚开始，这些故事会在未来十年徐徐展开——从一个以物质享受而臭名昭著的古罗马水下城市巴亚开始，到《圣经》中说到的非利士巨人歌利亚的家乡迦特古城，到以色列特拉非特国家公园，再到中美洲的城市特拉斯卡拉，这座城市被墨西哥国家理工学院研究中心认为是前现代社会中有统治、有规则的社会之一。

在法国南部的于泽斯发现一整座新罗马城——乌西塔，它被发现于一座停车场和省立学校之间的地底下。在这座城市中，遗留着公元前1世纪罗马共和国时期一直到中世纪的文物。虽然在北极地区为保护康格尔堡，卡尔加里大学已经使用了三维成像技术，在虚拟现实中保存整个遗址，康格尔堡是探险家罗伯特·皮里曾经待过的地方，但目前这个地方正处在海平面上升和盐分侵蚀的危险之中。

考古挖掘会持续几年，一些过去人们生活的证据可能会丢失。考古的成功依赖于足够的耐心、坚持不懈的毅力以及一颗豁达的心。本书将带领各位通过历史的痕迹，领略地球上不同古老文明创造出的美丽人文景观。本书还会讲述一系列令人惊叹的人物，他们勇敢地面对沙尘，穿透令人恐惧的地下墓穴，花费整整一生让我们可以面对面地观察自己的祖先。本书还会告诉我们，在经历过第二次世界大战以及粉碎纳粹党之后，考古学曲曲绕绕地经历了晦暗时期。考古学是一门内容浩瀚的学科：任何一个时期或者任何一个地区的历史都能轻易地写成一本书。因此，我们通过一些考古学上最令人振奋的集锦事件来探索这个迷人的世界。

考古学是什么

考古是奇妙的经历。这是霍华德·卡特第一次从图坦卡蒙法老的墓穴中取出闪闪发光的宝物时发出的由衷的赞叹。那些考古学家在遗址中发现的珍宝固然让我们感到惊奇和兴奋，但更重要的是，这些东西为科学研究提供了了解过去历史的信息。

"考古学"来源于希腊文字 arkhaios（意为古老的）以及 logos（意为"词""理由""计划"）。早在公元前4世纪，希腊人就用这个词来形容对非常古老的过去的研究。

考古学家常常是多学科人员合作，因为很少有学科可以横跨人文学科、自然科学及社会科学。考古研究还经常会依靠国际间的合作，因为目前的民族划分并不只是遵守着之前的界线标准。考古学家可能会专门研究某一个历史时期、某一个特定地理区域、某一个特定的传统文化或者一些学科分支，比如说海洋考古学。

考古学家不做的事情就是研究恐龙，尽管每个人在媒体上都能看到关于恐龙的信息。在田野工作中，很难区分古生物学家和考古学家，全世界的这些工作者，都戴着太阳帽，穿着短裤，但是考古学家不会认真探索泰坦恐龙和翼手龙。它们埋藏的深度有6500万年。然而，恐龙遗迹的发现确实与我们对地质学上"深"的理解有关，因此这些研究与考古学史是有关联的。

考古学家发现的材料帮助我们拼凑出过去的岁月。工具的碎片和陶器的碎片可以告诉我们特定文明中的大量家庭习惯与经济习惯；雕塑及其他艺术作品给予我们对过去的宗教、人类的精神世界及文化习俗的灵感；武器和盔甲为我们理解古代战争提供了新的视角。

历史和考古学的差异实质上表现在文字记录上。历史可以以书面、口头或文档的方式记录，但"史前"是指人类有能力用文字等方式记录他们的生活之前的时期。考古学的研究对象就包含史前史以及有记录的历史。中世纪的欧洲，包括它的文人和学者，都对历史研究持开放态度，而同时期的美洲唯一关注的学科就是考古学。

现在，考古学家拥有大量的新技术帮助他们进行考古探索，从空间遥感技术到探地雷达、机械激光雷达乃至机器人。这些新的以及越来越复杂的技术意味着考古学家现在不仅输出越来越精确的历史数据，而且还在帮助我们重写历史。

下图

进入主题：一个考古学家在一次考古挖掘中发现了一堆陶器。

下页图

金制的印加面具。在印加文化中，面具或被用作祭祀印锑神、太阳神等神的仪式中的一部分，或被用作丧葬物品。

考古学的类型

　　今天，考古学获得了一系列使人困惑的前缀名称，例如生物考古学、行为考古学、人类考古学、海洋考古学以及地质考古学等。考古所用的方法和使用它们的考古学者一样，复杂而充满变化。尽管如此，无论考古学家使用的方法是什么，他们的最终目的是通过研究遗迹帮助人类清楚地了解过去的世界。大多数前缀名称仅仅是指发现历史的方法，但是这些已经不那么重要了。

历史考古学
对过去的重要文明进行的研究同样创造了书写历史。

海洋考古学
这是对海底遗迹的研究，就像是对遇难船以及淹没在水下的城市的研究。

人类考古学
这是对当代社会的研究，类似于对灭绝社会的研究。

航空考古学
这是通过空间遥感技术对考古遗址进行的研究。

环境考古学
这是关于人类和所处环境关系的研究。

古生物病理学
这是关于古代疾病的研究。

考古学时间轴

　　给出这个时间轴的目的在于给出本书内容涉及的时期的大概情况。它同样强调了许多贯穿全球的考古学发现，这些发现绝不是考古学发现的全部。新发现和新的考古学研究结果意味着考古学是一个不断变化的学科。

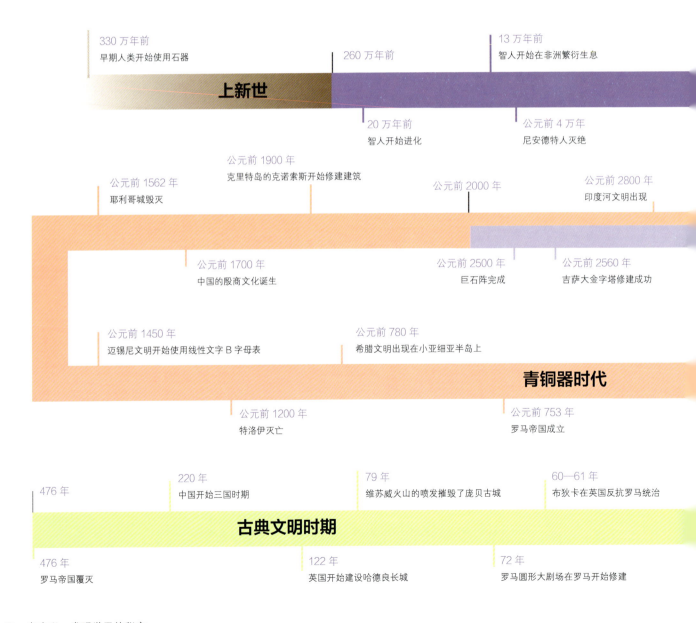

330 万年前
早期人类开始使用石器

260 万年前

13 万年前
智人开始在非洲繁衍生息

上新世

20 万年前
智人开始进化

公元前 4 万年
尼安德特人灭绝

公元前 1900 年
克里特岛的克诺索斯开始修建建筑

公元前 2000 年

公元前 2800 年
印度河文明出现

公元前 1562 年
耶利哥城毁灭

公元前 1700 年
中国的殷商文化诞生

公元前 2500 年
巨石阵完成

公元前 2560 年
吉萨大金字塔修建成功

公元前 1450 年
迈锡尼文明开始使用线性文字 B 字母表

公元前 780 年
希腊文明出现在小亚细亚半岛上

青铜器时代

公元前 1200 年
特洛伊灭亡

公元前 753 年
罗马帝国成立

476 年

220 年
中国开始三国时期

79 年
维苏威火山的喷发摧毁了庞贝古城

60—61 年
布狄卡在英国反抗罗马统治

古典文明时期

476 年
罗马帝国覆灭

122 年
英国开始建设哈德良长城

72 年
罗马圆形大剧场在罗马开始修建

关于时间周期的注解

　　"公元前"指的是"在基督之前"，意思是耶稣基督出生前的那些年；"公元"（一般省略）指的是耶稣纪元后，意思是耶稣出生之后的年份——这些有着宗教意义的术语会引起关注，特别是当在欧洲之外的地方讨论时。BCE和CE就回避了这些宗教问题。简单地说就是"公元前"和"公元"。基督教的日历作为最常用的日历，它实际上与以前的纪年体系相同。

公元前 2 万年前
中国的江西省出现了陶器

公元前 1 万年
土耳其的哥贝克力山丘上开始建造寺庙

公元前 1 万年

旧石器时代

公元前 1.1 万年前
人类通过白令陆桥架到达美洲

公元前 3300 年

公元前 5000 年

中石器时代

新石器时代

公元前 3000 年
第一种文字系统——楔形文字出现了

公元前 3500 年
苏美尔地区出现了城邦

公元前 538 年
居鲁士大帝在征服巴比伦后建立了波斯帝国

公元前 588 年
古巴比伦国王尼布甲尼撒入侵耶路撒冷

铁器时代

公元前 600 年

公元前 556 年
巴比伦国王那波尼德开始在美索不达米亚平原挖掘陵墓

公元前 500 年
在马来西亚的布隆格山谷开始修建寺庙

公元元年

公元前 55 前
恺撒入侵英国

公元前 221 年
中国开始修建万里长城

9 年
条顿堡森林战役开始

公元前 201 年
创造出秦始皇去世后的陪葬品——兵马俑

公元前 334 年
亚历山大大帝侵略了波斯帝国

476 年
罗马帝国覆灭

793 年
维京人袭击了林迪斯法恩岛

868 年
第一件印刷品——《金刚经》在印度出现

1000 年

1088 年
沈括在《梦溪笔谈》中阐述了一个考古学观点

动荡时代（黑暗岁月）

476 年
罗马帝国覆灭

865 年
强大的异教徒军队到达英国海岸

899 年
蒂卡尔和玛雅的其他城市一起被遗弃

1000 年
列夫·埃里克森到达纽芬兰的兰塞奥兹牧草地

1092 年
吕大临创造了第一个考古学目录

1876 年
小巨角战役爆发

1865 年
创建了巴勒斯坦考古基金

1856 年
亚历山大·坎宁安创建了印度考古研究中心

1834 年
斯蒂芬斯和卡瑟伍德在尤卡坦半岛丛林中发现了玛雅遗址

1822 年
商博良破译罗塞达石

工业时代

1871 年
海因里希·施里曼对特洛伊进行挖掘

1861 年
约翰·福尔罗特发现了第一个尼安德特人骨骼

1836 年
克里斯蒂安·汤姆森第一次对"三时代系统"做出解释

1826 年
查尔斯·马森发现了印度河谷文明的证据

1819 年
约翰·史密斯发现了阿旃陀洞穴

1880 年
威廉·弗林德斯·皮特里爵士对吉萨大金字塔展开研究

1892 年
麦克斯·乌勒挖掘蒂瓦纳库遗址

1900 年
阿瑟·埃文斯爵士挖掘并重建了克诺索斯遗址

1914 年

1877 年
爱德华·莫尔斯挖掘了大森贝冢

1883 年
弗里德里克·沃德·普特南开始挖掘俄亥俄州的蛇丘

1899 年
在殷墟发现了甲骨

1900 年
潜水员在一艘沉船上发现了安提凯希拉装置

1911 年
海勒姆·宾厄姆发现了马丘比丘

2009 年
创建于 7—8 世纪的斯塔福德郡窖藏被发现

1998 年
在廷塔杰尔发现亚瑟之石

1996 年
詹姆斯敦重建工程启动

现在

2016 年
在埃及的索哈杰，一座有 7 000 年历史的古城被发现

2012 年
在莱斯特郡发现了理查德三世国王的遗骸

2008 年
玛吉·康萨挖掘在爱沙尼亚的萨拉马岛上发现维京船

1994 年
在美国的哥伦比亚河中发现了肯纳威克人的骨骼

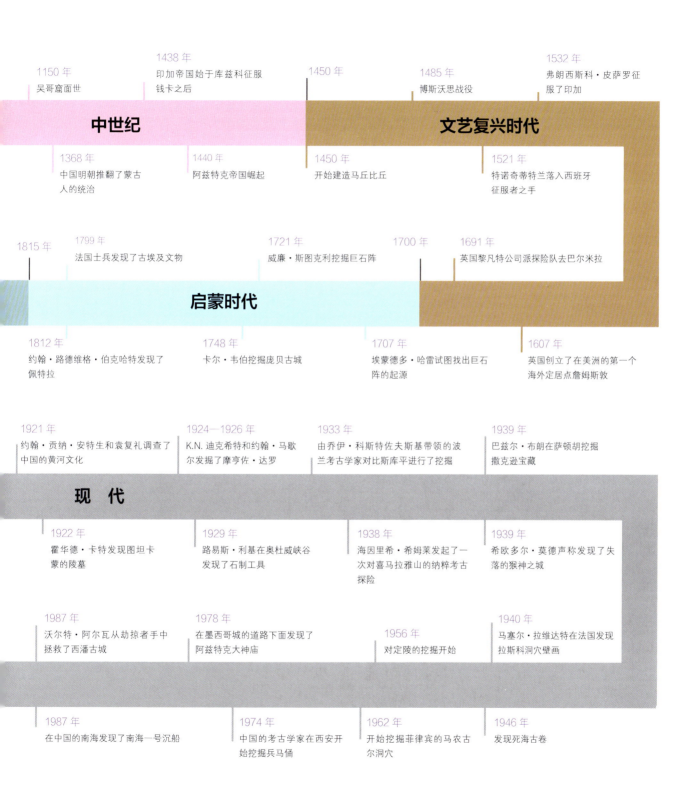

1150 年
吴哥窟面世

1438 年
印加帝国始于库兹科征服
钱卡之后

1450 年

1485 年
博斯沃思战役

1532 年
弗朗西斯科·皮萨罗征
服了印加

中世纪

文艺复兴时代

1368 年
中国明朝推翻了蒙古
人的统治

1440 年
阿兹特克帝国崛起

1450 年
开始建造马丘比丘

1521 年
特诺奇蒂特兰落入西班牙
征服者之手

1815 年

1799 年
法国士兵发现了古埃及文物

1721 年
威廉·斯图克利挖掘巨石阵

1700 年

1691 年
英国黎凡特公司派探险队去巴尔米拉

启蒙时代

1812 年
约翰·路德维格·伯克哈特发现了
佩特拉

1748 年
卡尔·韦伯挖掘庞贝古城

1707 年
埃蒙德多·哈雷试图找出巨石
阵的起源

1607 年
英国创立了在美洲的第一个
海外定居点詹姆斯敦

1921 年
约翰·贡纳·安特生和袁复礼调查了
中国的黄河文化

1924—1926 年
K.N. 迪克希特和约翰·马歇
尔发掘了摩亨佐·达罗

1933 年
由乔伊·科斯特佐夫斯基带领的波
兰考古学家对比斯库平进行了挖掘

1939 年
巴兹尔·布朗在萨顿胡挖掘
撒克逊宝藏

现　代

1922 年
霍华德·卡特发现图坦卡
蒙的陵墓

1929 年
路易斯·利基在奥杜威峡谷
发现了石制工具

1938 年
海因里希·希姆莱发起了一
次对喜马拉雅山的纳粹考古
探险

1939 年
希欧多尔·莫德声称发现了失
落的猴神之城

1987 年
沃尔特·阿尔瓦从劫掠者手中
拯救了西潘古城

1978 年
在墨西哥城的道路下面发现了
阿兹特克大神庙

1956 年
对定陵的挖掘开始

1940 年
马塞尔·拉维达特在法国发现
拉斯科洞穴壁画

1987 年
在中国的南海发现了南海一号沉船

1974 年
中国的考古学家在西安开
始挖掘兵马俑

1962 年
开始挖掘菲律宾的马农古
尔洞穴

1946 年
发现死海古卷

山形墙上的古希腊图案，目前位于希腊德尔菲博物馆。

历史的魅力

第一个发现埃及伟大墓葬的人不是好奇心使然，而是受了贪婪的驱动。他们简直就是淘金者、机会主义小偷。尽管法老和热心的祭司用尽一切办法避免古墓被盗挖，但是成效不大。在塞加拉中的维齐埃尔·肯蒂卡·伊克希之墓中有一些铭文——在两组石门的背后——写道："无论谁进入我们的墓室，都会受到审判，死亡就是他的结局。"

这具颜色鲜艳的埃及木乃伊保存完整，但还有许多被破坏了，它们庄严的坟墓也被盗墓贼破坏了。那些盗墓贼在欲望的驱使下，把他们遇到的每一个坟墓都打开，拿出里面的贵金属然后熔化。

从公元前30年开始，罗马人控制了埃及，并对埃及一切的事物感到沉醉。这个方尖碑最初被安置在卡纳克神庙中阿蒙庙的东边角上，象征着法老与神的联结；后来它被移到古罗马的大竞技场。今天，它在加上一个十字架后被放在了圣乔凡尼广场。罗马依然比其他城市拥有更多的方尖碑。

　　纸莎草纸记录了历史事件，以及对盗墓是把"双刃剑"的认识。从拉美西斯四世（公元前1142—前1123）开始，盗墓贼破坏了上百个坟墓，包括阿蒙诺菲斯三世的、塞提一世的以及拉美西斯二世的。这些纸记录了许多人的盗墓细节，有石匠哈帕、运水工肯维斯、技工伊拉门、农民阿姆希姆、黑奴斯耐弗，它们形象地描绘了法老们遇到的问题："我们打开他们的棺材和遮盖物。我们找到这个庄严的国王的木乃伊……在它的喉咙里有无数字符串的护身符和黄金饰品；它的

上图

装点着威尼斯圣马可大教堂的青铜马最初是出自希腊人之手——这是"十字军东征"带回的引人注目的战利品。

右图

在贪得无厌的英国都铎王朝，伊丽莎白一世的炼金术士得到一面可能原来属于阿兹特克人的魔镜，魔镜因"黑色石头"而闻名于世。迪博士通过火山黑曜石施魔咒，这就像小说和电视剧《权力的游戏》中提到的龙镜。

头上有一个金面具……我们剥去那些金子，我们也发现了国王的妻子，我们把发现的东西全部抢走。我们盗取了他们用金子、银子以及青铜做的器物。"

文艺复兴时期，在罗马的一个葡萄园里出土了这尊特洛伊牧师拉奥孔和他的儿子们被蛇袭击的雕像。据说，米开朗琪罗是雕像作者（原文有误），目前这尊雕像安放在梵蒂冈，也是之前这尊雕像存在的地方。

直到今天，埃及南部卡纳克神庙附近的古尔纳村村民依然会因为偷盗神庙的财宝而被判刑，而这些财宝已经被埃及视为民族遗产。

在侵占古代文化珍品的欲望和了解过去人们生活的渴望之间存在着紧张的关系。这两个人类本能看上去似乎是矛盾的，但是考古学能够如此流行的一个原因就是它可以同时满足这两种人类心理需要。

我们现在在博物馆里放置的许多珍贵历史文物曾经是抢夺来的。罗马皇帝君士坦丁在宏伟的卡纳克神庙建筑群中找到了最高的方尖碑，并将它安装在罗马中部（这里现在称为拉特兰方尖碑）。亚历山大大帝在波斯以及太阳下最富有的城市——波斯波利斯那里盗取了珠宝。甚至在"十字军东征"期间，威尼斯圣马可大教堂的铜马也是从君士坦丁堡偷来的。不知为什么，他们再也没有归还它。它随后被拿破仑夺走并转移到巴黎，但是当他失败之后，它又被带回到威尼斯。

在16世纪的英国，伊丽莎白一世英俊的炼金术士兼占星家和顾问迪博士跨越了两个阵营。他声称自己通过一个阴险的魔镜发出的令人眩晕的反光和天使进行了对话，然后可以预测未来。现在我们看到这就是一块表面光滑的黑曜石，曾经用于纪念阿兹特克神。迪博士是如何获得这块宝物的我们不得而知，也许是西班牙征服者从南美洲盗取的。

在文艺复兴时期，富裕的意大利家庭开始大量地收集古代古典艺术品，而这些一般都埋在地下。洛伦佐·美第奇家族著名的博物馆和佛罗伦萨花园布满了古希腊和古罗马的雕塑。在普罗旺斯艾克斯，最著名的学者尼古拉斯·克洛德·法布里·佩雷斯克把他的整个居所都变成古典作品的画廊和博物馆。随着欧洲王室努力建立民族和军事霸权，

拥有古代艺术品成为赚钱和获得正统性外衣的便捷途径。15世纪，匈牙利国王马蒂亚斯一世在松博特海伊保存了大量私人收藏的罗马文物，松博特海伊是一处由罗马浴场的旧石头建成的城堡。它目前还存在着，成了一个博物馆。

最终，人们在研究历史和文化以理解文物方面拥有了一丝兴趣，也认为文化遗产不能够被忘记。16世纪初，教皇利奥十世委托画家拉斐尔研究和记录罗马所有的遗迹，以结束列强对该城丰富遗产的无节制掠夺。

古玩阁

1605年，年轻的丹麦医师和自然哲学家奥勒·沃姆继承了一笔遗产并动身穿越欧洲去继续学业。沃姆成为世界上第一名严格意义上的科学的收藏家，创建了世界上第一个博物馆。

作为一名哲学家、医师以及专注于语言学的人，沃姆的特点在于他的疯狂、无限的好奇心，以及他费尽心力且精确的方法论。通过对新的获得物进行科学而精确的研究，沃姆在即将到来的启蒙运动中的一百年里占领了理性价值的先机。

民族主义也发挥了作用。沃姆关于丹麦古迹方面的许多著作引起了弗雷德里克三世的兴趣。弗雷德里克三世认为这些文化遗产可以把两个分离的国家"挪威"和"丹麦"联合起来。科学、文化以及考古学成为宣传斯堪的纳维亚半岛的有力工具，这在欧洲历史上也是先例。尽管这些没有阻止弗雷德里克三世用整个神奇的"独角兽"角制作了国王宝座，其实早在30年之前，沃姆就准确地辨别出这是用独角鲸的角制成的。

从化石到动物标本，以及在新大陆上发现的奇异的民族志珍宝，这些成为文艺复兴时期人们收藏的主要内容，同时出现的还有文件编制，成为联结科学与单纯的好奇心的桥梁。这并不是说没有什么稀奇古怪的展品：沃姆拥有可能是世界上的第一台机器人，一个能够思考的机器人——是一个有轮子，四肢灵活，能把东西捡起来的人——还有一个据说是挪威人放置的"蛋"安娜。这颗蛋还附有见证它奇妙外表的宣言，包括一位教区牧师的证言。

上图

这是第一个时间胶囊吗？公元前543年，那波尼德认真地在上面留下了他的祈祷文，用楔形文字写在这个9英寸（23厘米）长的黏土圆筒上。

三时代系统

石器时代
　　公元前3400000—前4500/2000年
青铜器时代
　　公元前3600—前600/300年
铁器时代
　　公元前1300—前600/200年

作为一个自然主义者和古文物研究者，沃姆成为整个欧洲科学调查发展浪潮中的先驱。在考古学上的意义就是他对他庞杂的收集物进行了归类和命名。除了硬币和一些无法分类的东西以外，他把藏品按照不同的材质进行分类：黏土制的、木制的、青铜制的、石头制的、铁制的及其他。这成为更为严格的科学调查的先例。

作为对沃姆分类方法的回应，另外一个丹麦人克里斯蒂安·于恩森·汤姆森发明了三时代系统年代测定法（今天依然在使用），这成了考古学分类的方法。作为哥本哈根北欧皇家文物博物馆馆长，汤姆森热衷于以一种合理的顺序展示史前时期的文物，以帮助人们理解它们。他根据人们在不同时期使用的主要技术，提出了石器时代、青铜器时代和铁器时代的相关体系。即使如今的年代测定法已经更为复杂，但如上这个方法也当真是创新之举。

沃姆非凡的藏品后来成为丹麦皇家艺术馆的一部分藏品（艺术展厅）。他的古玩阁经由艺术家罗萨蒙·帕赛尔，在位于哥本哈根的丹麦自然历史博物馆费尽心血地重建了。在这里，从椽上垂挂着北极熊、鳄鱼标本，在橱柜架子上满满当当地陈列着包括动物和人类的头盖骨，以及异国的珠子和贝壳。

很快，欧洲的贵族开始跟随沃姆的脚步。每一个受过教育的绅士都有了属于自己的"珍宝阁"或者是珍宝馆，这些场所一半是女巫的洞穴，一半是科学实验室以及药剂师的房间。即使是最伟大的艺术家伦布兰特，也把自己许多的工作室转变成放置奇珍异宝的场所。

在1688—1815年，拥有海军力量的欧洲国家西班牙、荷兰、英国和法国为了争夺权势与影响力，它们之间进行了五场战役。帝国的建造者们在统治了新领地后对收集当地的文物着了迷。世界上第一个博物馆是建立在考古学的发展基础上的，也是建立在如此"奇异"的收藏品的基础上的。

皇家第一

被视为世界上第一个考古学家的是神秘的那不勒斯，也被称为那波尼德，他在公元前556—前539年统治着古老的美索不达米亚平原上著名的国家巴比伦。

那波尼德统治着庞大的帝国，范围从波斯湾到今天的埃及边界。如果他想要当国王，那么他需要花费时间去组织部队、取悦人民、镇压异己。因此，他转而沉迷于发现和重建考古奇观，留下他软弱的儿子伯沙撒统治王国。从一个古庙废墟中发现的卓越文物不仅证实了那波尼德的故事，也预示了伯沙撒的命运。

直到那波尼德圆筒被发现之前，关于伯沙撒的记录仅存在于《圣经》但以理章节中。在正史方面，认为伯沙撒是不存在的。1881年，亚述研究者霍尔穆兹·拉萨姆在一个沙漠寺庙中发现的一片陶土却意味着不同的信息（是一个圆筒，目前放在柏林的帕加马博物馆，在大英博物馆里有一个仿制品）。圆筒的信息显示，那波尼德埋藏着关于伯沙撒的丰富信息。

拉萨姆在古西巴尔发现的这个圆筒，西巴尔是早在那波尼德登上宝座之前的2000年里一个宗教祭祀中心。在

埋葬这个圆筒之前，那波尼德在上面雕刻了一些发自内心的祈祷文："至于伯沙撒，我的长子——我的子孙——在心中充满着对伟大神灵的敬畏。也许他不会犯关于宗教的错误。愿他有着富贵的生活。"

那波尼德描述了"在驱魔人的手艺"的引导下，他怎样重新发现了古老的月亮神庙，着手重建这一建筑。他至少重修了三个寺庙和一个金字塔，也保护了亚述王巴尼拔的财富。

伯沙撒使得巴比伦沦落到波斯人的统治之下：公元前539年10月29日，这个国家归到传说中的波斯王居鲁士大帝的统治之下。伯沙撒被处决，那波尼德被流放，波斯人把他们描述成撒谎者和没教养的傻瓜。

在考古学中，他的命运预示着一个关键问题：一个人如何能够从毁灭性的武装力量中保护文物古迹不受破坏？时间对巴比伦或者是古代美索不达米亚并不友好。在现代社会，当号称"伊斯兰国"（或是达伊什）的极端主义分子杀死和流放成千上万的人时，他们还抢劫和破坏了许多遗址，他们在伊拉克北部和叙利亚进行了系统性的文化和宗教清洗运动。

右图

伦勃朗绘制的油画《伯沙撒王的盛宴》，上面描绘的情形是《圣经》中的一个故事，也就是堕落的伯沙撒（那波尼德的儿子）看到了"写在墙上的字"，预示着波斯人将导致他的灭亡。目前，这幅油画收藏在伦敦国家美术馆中。

过去的经验

　　放眼世界，对过去的兴趣已经消退。在中国宋朝（960—1279）的士大夫阶级认为文物可以用在国事中。

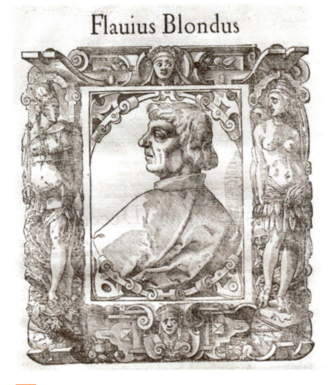

　　这种态度是受到批评的，但是在当时能够承认，这些文物可以提供古代技术的信息。

　　在 14 世纪之前的欧洲文艺复兴时期，人们对古典文化重新有了兴趣。学者和历史学家，例如弗拉维奥·比翁多（他在克雷莫纳的波利斯里亚里奥之下进行研究，并出版了一系列百科全书）以及艺术家和建筑师莱昂·巴蒂斯塔·阿尔伯蒂——对古罗马废墟进行了文件编制。在英国，古文物研究者和历史学家威廉·卡姆登于 1577 年在对地形测绘中创建了文物清单。同时期的美国，西班牙人已经开始统治大片土地，并发掘了土著的大量珍宝，如玛雅文明。

冒险的欲望

　　现代，第一次考古远征始于一次冒险。在 1691 年 10 月 4 日的早晨，一队由 30 个人组成的远征队到达了巴尔米拉古城。这里位于叙利亚沙漠的中心地带，穿过棕榈树的边缘，一座异国情调的优美的拱桥、一片广场以及寺庙废墟出现在奶油色的沙漠之中：这里是传说中所罗门王的家乡。在这片废墟的中央是一个巨型柱廊，一条街道旁有很多雅致的科斯林塔。

　　他们到达了 1—2 世纪古代世界最重要的文化中心之一，一个富饶的商队绿洲。由于这里位于丝绸之路上以及时不时地由古罗马人控制，巴尔米拉一度成为文化中心。它的建筑风格独特，结合了受希腊影响的罗马艺术和波斯艺术以及亚洲风格。

　　威廉·哈利法克斯，是叙利亚城市阿勒颇的一位阿訇，

巴尔米拉的巴巴尔神庙，1691 年由威廉·哈利法克斯在远征时发现的。2015 年，这里被恐怖分子夷平，这些恐怖分子斩首了这里退休的首领。

对伟大的巴巴尔神庙表达出由衷的喜爱。他发现了几百个"悲惨的难民，在阿拉伯酋长的带领下，住在废墟中肮脏的棚户中"。"我发问，世界上有哪个城市敢挑战这里的辉煌。"他写道。

这个队伍的记录是对巴尔米拉的首次记载，在 4 年之

后，就由位于伦敦的英国皇家学会出版了。这一记录不仅吸引了英国的读者，还吸引了法国、荷兰以及意大利的读者。这是对巴尔米拉的描述首次到达欧洲：对整个城市的180 度解析。

西方知识精英沉醉于绿洲城市的荒凉之美，反而开始产生新古典主义潮流。1751 年，詹姆斯·道金斯和罗伯特·伍德到达这里，这两位绅士学者是业余爱好者。他们对在沙漠中冒险的英雄行为的浪漫描述激发了"崇高之义"——欧洲与废墟的广博之爱。

这是几百年来欧洲与巴尔米拉的首次联系，激发了更多对浪漫"发现"的欲望；这个故事激发了一些探险家，比如在约旦沙漠中发现了辉煌的佩特拉遗址的瑞典探险家约翰·路德维格·伯克哈特（见 36 页）。

悲哀的是，自哈利法克斯在 17 世纪发现巴尔米拉以来，这里受到了较大的破坏。尽管通过照片和图片，使用 3D 技术在埃及大理石上进行了重新雕刻，但这种重建是有争议的，仅仅只是说明了现代技术可以到达的境界。

上图

站在文明的十字路口：叙利亚共和国的巴尔米拉，尽管现在已经被毁灭，但还是让 18 世纪的来访者感到震惊。直到它毁于 21 世纪早期的战争之前，这里还是人类的一大瑰宝。

右图

多才的威廉·斯图克利，古文物记录者和有影响力的出征者。

收藏家的执念：书写历史

1707 年，英国古收藏家第一次会议在伦敦中心斯特兰德大街的大熊酒吧举行。这是世界上第一个收藏家社团，威廉·斯图克利作为第一任秘书出席了会议。

由于对巨石阵的行星排列感兴趣，他和著名的天文学家埃蒙德·哈雷尝试在原址对石头进行时间确认和深入的研究。他们的计算出现错误，但是他们的研究成为考古学领域的关键时刻。斯图克利技术复杂的图纸在今天依然是研究巨石阵的资料（见 26—29 页）。

斯图克利服务的这个社团创造性地尝试着带领英国向瑞典学习，在瑞典，考古遗址被皇家法规所保护。这也帮助英国建立了基于科学和观察发展起来的考古学，最终制定了英国第一个文物保护法。

这一团队同时与时间赛跑，抢救日益破损的巨石阵。在斯图克利时代之后，又有新的危险困扰着巨石。1797年，巨石阵整个倒下了，在外圈的一个垂直的砂岩也顺着一道梁倒下了。这些世界的非凡图标，会幸免于难吗？

在英国之外，一些其他社团也像英国古收藏家一样努力。在印度，威廉·琼斯在1784年建立了亚洲研究社团，开始对国家历史以及部分东方社会进行研究。这一社团最终把他们的收藏移交给建于1814年的印度博物馆。

新的开端？

18世纪70年代早期，美国《独立宣言》的主要作者托马斯·杰斐逊为了探测理论的精确性，开创了现代意义上最早的考古学发掘。

杰斐逊决定对他位于维尼亚·谢南多厄河山谷的蒙蒂塞洛的家附近的一处神秘的地下工程开展研究，这里有一系列13个土堆。詹姆斯敦·弗吉尼亚英属殖民地的首领约翰·史密斯把这里命名为摩纳哥印第安人保留区。土著人把这个土堆叫作安买·阿姆努哈夫，意思是"人民的国家"。然而，到目前为止，弗吉尼亚的土著已全部融入当地文化中。

右图
考古学先驱托马斯·杰斐逊（1743—1826），是第一个真正意义上的考古学家。

下图
在北美洲，土堆建造于古风时代到森林时代，再到和欧洲人接触的时代。最不起眼的外表可以隐藏过去迷人的秘密，或者对当地人来说具有象征意义，而且与附近的土堆相比，可能显得大不相同。

空中欢腾

　　鲜为人知的是，巨石阵在1915年进行过拍卖。塞西尔·丘布爵士以6 600美元买下这些石头，把它们捐赠给国家。由于担心游客的破坏，停车场建在远离遗址的地方。不经意中，一条柏油路铺设在了古老的木质洞上方，最近对这个大洞进行放射性碳定年确定了它建于公元前6000年，它的年龄是巨石年龄的两倍——这是已知的在不列颠群岛上建造的第一个纪念物。

结构

　　当它们在 4 600 年前第一次被建造时，这些巨大的石头、切割开的砂岩，发出纯净的白色光芒。通往埃文河的白色石头和仪式大道闪烁着白色大理石的色泽。周围的平原大约有纽约中央公园的七倍大，被巨大的力量聚合起来。这里有着体重 1.5 倍于北美野牛的生物——欧洲野牛。

　　巨石阵为什么被建造？又是如何被建造的？这些问题引发了人们长时间的猜测与辩论。目前，新技术完全改变了我们对过去事物的理解。巨石阵隐藏影像是迄今为止世界上最大的"虚拟"挖掘任务。在 5 年里（2010年开始），没有挖掘到任何东西，它创造了一个数字化的知识体，需要几十年的手工工作才能创造出来。

　　这项工程已经揭露了迄今为止没有人知道的多达 20 个隐蔽结构，包括一个公元前4000 年间的 108 英尺（33 米）长的公共墓室。由于这项新技术，考古学家现在相信，这个位于索尔斯堡平原的特别的巨石遗址是由复杂的巨石阵、山岗和其他结构组成的，所有这些都在感观上与周边神圣的风景相连。

左图

巨石阵：最让人震惊的遗址，在威尔特郡的索尔斯堡平原上投射下影子。

石头的年龄

巨石阵的开端

通过数字研究得到的最为激动人心的结果就是发现了之前巨石阵和大科萨斯之间的错误联系。科萨斯是距离大石头北边超过 1.5 英里（2.5 公里）的巨大半圆形围场。威廉·斯图克利设想了罗马人或古不列颠队伍推着战车沿着赛道纵横驰骋，这就是为什么他给这个地方取了"赛马场"这个拉丁名字。

在科萨斯两端的深处，有两个隐藏的点，可能是一种标杆或者是指向标。从后来有了巨石阵的地方开始观测，东边的标杆可以在夏至太阳升起时与地平线相齐，西边的标杆可以在日落时与地平线相齐。巨石阵是在 400 年之后建立的，建立在这两个平面相交的地方。

建筑物

巨石阵是在三个跨度较长的时间段内建成的。第一个环形沟渠是在 5 000 年前的新石器时代前夕建成的（公元前 3000 年）。接下来，在公元前 2500 年左右，巨大的砂岩石从几英里远的马尔堡山那里运送至巨石阵地点，摆放成精确的几何形图案。

在接下来的 100—300 年，内环上的蓝色石头高高矗立，在外部砂岩形成的大环形内部形成了一个粗糙的马蹄形。这些"蓝色"巨石是如何从威尔士普雷斯利山的卡恩·门恩附近向西移动了 186 英里[1]（300 公里）的仍然是一个有争议的话题。

21 世纪对巨石阵最后鼎盛时期的一处大概有 2500 年历史的山中堡垒进行挖掘，使得对布利克·米德地区的研究进入新的阶段。考古学家总相信这里的特征是相对现代化的 18 世纪中风景园的一部分。但是有一种稀有的藻类河生胭脂藻在布利克·米德地区茂密地生长着。如果你把一个石头放在水中，然后把它再拿到空气中等上一两个小时，这种藻类就能把石头变成鲜艳的洋红色。过去那些靠采集、狩猎为生的人第一次注意到这些现象时，会不会认为这是一种魔力呢？

类似这样的一些新发现全部指向了一点，那就是巨石阵这里过去是一个充满生机的国际中心或者是某种会见场

左图

在春天的巨石阵范围内发现了一种稀有的藻类，看上去似乎有神秘的作用。

右图

阿姆斯伯利弓箭手：巨石阵附近的一所小学在修建时发现了一位埋葬于此的生活在公元前 2400—前 2200 年的异常富有的旅行者。

---

1. 1 英里 =1 609.344 米。——译者注

公元前 2400—前 2200 年
蓝石头排列完毕

公元前 2300 年
巨木阵创建成型

公元前 2400—前 2200 年
阿姆斯伯利弓箭手生活的时代

公元前 2280—前 1930 年
对蓝石头进行了重新排列

公元前 1600 年
可能是巨石阵最终陈列的年代

所。探地雷达的研究发现在当今被称为都灵顿墙的地方曾经矗立着 90 个巨石，被称为世界上最大的"超级巨石"，有 1 640 英尺（500 米）宽。此外，对附近民居的探测发现，在公元前 2500 年左右，有人在这里居住，这与巨大的砂岩石矗立的时间相同。

贸易旅行者

作为古老英国人的精神支柱的起源，巨石阵看上去已经成为整个欧洲人民的文化或者是精神支柱。考古研究表明，在青铜器时代早期，这里已经成为主要的国际贸易中心，吸引着从四面八方来的重要的、有影响力的旅行者。

在这些旅行者中，有一位从国外而来的"阿姆斯伯利弓箭手"，他生活在公元前 2400—前 2200 年。他的名字来源于一个箭头及两个砂岩弓弦护腕，这些物品和他的骨骼一起被发现。他的头上佩戴着一对来自地中海的金质头发装饰品。对他的牙釉质进行的氧同位素测定判断他生长在阿尔卑斯山脉。

这里是纪念祖先的寺庙吗？是疗养中心吗？是天象观测点吗？是贸易集散地吗？巨石阵或许是世界上被研究人员研究最多的史前地址，但是这里完整的故事随着我们的研究深入变得越来越复杂。但可以确定的是，巨石阵是世界上考古地质研究中最着力调查的地方。

下图

巨石阵的建筑成就持续让人感到惊讶，尽管目前的研究数据与日俱增，但是依然让人非常迷惑。

大石头

"大石头"好像仅仅是一种英国独有的现象，除了一些同样的"圆形"附属物也同样出现在德国巴伐利亚州的伊萨尔谷及科廷格林多夫，这两处地方的铺道和巨石阵上的道路相似。这些发现通常是一组一组的，尽管一些发现被分隔成几百英里远。学者们相信这里是进行某些仪式的聚会场所。在欧洲大陆，有许多古老的木制圆环，就像在德国中部发现的建成于公元前 4900 年的戈瑟克圈一样。

后来的定居者发现这里的风景中点缀着一些神秘的土堆，有的很大，往往建成动物图腾或者是蛇的样子——就像美洲原住民在没有对"文明"进行深思熟虑后进行的建造工程。

有争论说，这些建造者是一些"遗失的种族"——声称是一些维京人、腓基尼人、鞑靼人、中国人、威尔士人甚至是一些"消失的以色列人"。杰斐逊另有所信。在他八岁时，他看到一队印第安人拿着一件令他们伤心的东西到达土堆那里。他们知道这些历史遗迹精准的位置，以及如何穿过森林到达这里。在这种方式下把这些东西与部落成员相联系是一个重要的见解，因为它与"失落的种族"理论相悖。

16世纪，西班牙探险家埃尔南多·德·索托怀疑这个平顶的土堆是不是寺庙的根基。杰斐逊，这位令人敬畏的名人确信这些土堆是美洲土著人的遗迹，是为了一些宗教仪式目的而建造的。

杰斐逊是第一个对考古学假设进行详细说明并探索的人，他为了具体的问题而寻找答案。重要的是，他想知道这些印第安坟墓是不是一种祭祀埋葬场所，就像他相信的那样，这里是印第安人对死后的人进行第二次垂直埋葬的地方。他使用了两种挖掘策略：第一种是挖沟策略，这样，他就能看到土堆的内部结构；第二种是地层学策略，这种方法使这位美国开国元勋领先于他的时代100年。

"开始时，我在土堆的几个地方进行挖掘，接下来，就收集到人类的骨骼……这些骨骼以极度混乱的方式排列着，有的是垂直的，有的是倾斜的，有的是水平放置的，指向各个方向。"他在工作文集中写道。现在我们知道，这些土堆主要出现的时间是史前时代后期以及"早期接触"时代（900—1700）。

同时，随着西方在美洲不断扩大的边界，印第安故事震惊了西方。1935年，当一队矿工把俄克拉何马州东边最大的土堆用炸药炸毁之后，这些掘金者就成了坟墓抢夺者。他们在里面发现了许多文物，并把这些东西卖掉，这个土堆也被人们称作"西方图特王之墓"。

埃及皇帝

为什么法国的木乃伊和埃及的一样多？巴黎的卢浮宫有一整个寺庙展厅，也可以称为"石棺展厅"。这个博物馆里陈列着许多埃及艺术品，包括精妙的斯芬克斯的地下墓室、丹德拉的十二宫以及发现于卢克索附近村庄地底下的著名的托德财宝。同时，在伦敦大英博物馆，还陈列着罗塞达石及拉美西斯二世不可思议的伟大雕像。在这两个博物馆之间，这两套体系拥有上千个华丽的、无价的埃及艺术品，以及一些埃及小玩意。在伦敦和巴黎的这些藏品是过去英国和法国之间长期激烈的权力之争的遗赠。19世纪，这两个有着支配地位的帝国在他们到达的地方开展了世界文明资本之争，将他们发现的东西全部用来填满自己的博物馆。一尊雕像接着一尊雕像，一座坟墓接着一座

坟墓，这两个竞争者热衷于在一场考古学游戏中高人一筹。在随后不久，其他国家开始了这种新型战争，例如德国和澳大利亚之间在意大利国王查尔斯·伊曼纽尔三世从卡纳克神庙中抢夺了300件文物后也开始竞争。

拿破仑·波拿巴带领法国人轻松地进入意大利，把威尼斯变成"欧洲的客厅"，成了欧洲的话题。他决定夺取通往印度的陆路贸易航线的控制权，从而打向大英帝国软弱的腹部，给英国造成致命的打击。埃及就成为一把尖刀。

1798年5月19日，拿破仑带领着一个由54 000人组成的军队从意大利出发。同时出发的还有一小队由科学家、工程师、艺术家和语言学家组成的人马——他们的任务不是俘虏埃及士兵，而是抢夺埃及文物。拿破仑把他们称为

由莫里斯·奥林奇绘制的关于拿破仑·波拿巴在埃及看到了埃及木乃伊的画作。

他的学者，或者是"智者"。这是世界上第一个大规模的科学远征队。

这队法国人于当年7月2日到达开罗，这个情形记录在《一千零一夜》中。在他们之间有一个奴隶士兵，他骑着阿拉伯战马，戴着银刀以及一把穆斯林长刀。奥斯曼帝国统治埃及已经超过500年，就是由这群残忍的战士精英阶层支撑着的。在接下来的战争之前，拿破仑在完美的几何学建筑金字塔之前，在地平线上方467英尺[1]（142米）高的胡夫金字塔前面做了闻名于世的手势。"士兵们，"他说，"四千年前的文物正看着你们！"法国人赢得了胜利。

当拿破仑的部队接近古老的底比斯城时，在非凡的神庙的震撼下，有种独特的情感在战士们心中升起，他们自发地欢呼起来。到8月的时候，他们已经占领了埃及南部的大部分地区。然而，学者们最终认为他们取得了更大的胜利。当战士们浴血奋战时，学者们在探索古老的埃及世界。他们绘制地图，画出样图，测量数据，研究发现。

艺术家多米尼克·菲兰·德农是第一次把底比斯、伊斯纳、埃德夫、菲莱的神庙和遗址绘制出来的学者。他那

---

1. 1英尺 =0.304 8米。——译者注

菲兰·德农绘制的关于克利欧佩特拉方尖碑的水彩画。德农把对埃及的热情带到了巴黎，然后又传向了世界。

对法老的迷信

在英法帝国争夺战中，印度和埃及是关键的奖品。1816年，亨利·索尔特以英国总领事的身份到达埃及。对索尔特来说，这是一个很好的发财机会：在法国阵营中，曾在拿破仑手下服役的意大利人贝纳迪诺·德罗维蒂是他的对手。在无数的财富岌岌可危的情况下，考古学即将成为一个全新的战场。

埃及随处可见冒险家、歹徒以及那些可以闻到沙子下方财富味道的小牛。像富有的业余爱好者威廉·班克斯爵士这样热衷于收藏和学术性收藏的人，也开始四处寻找，他打算为他英国乡村的花园装上方尖碑。这里面还包括瑞士探险家约翰·路德维格·伯克哈特，他花了两年时间，化名为易卜拉欣·伊本·阿卜都拉，并使用这个阿拉伯名字穿梭在阿拉伯地区。伯克哈特对巴尔米拉、大马士革以及巴勒贝克进行探索，他还进入叙利亚/约旦荒野中的浩兰地区。他有了两个震惊世人的发现：第一个就是约旦国中消逝的纳巴泰人之城佩特拉，第二个就是在埃及南部努比亚地区阿布辛贝的沙中神庙。伯克哈特偶然碰见一个来自帕多瓦的陌生意大利人，这是一位职位高于他的水上工程师。伯克哈特把这个叫作"伟大的贝尔佐尼"的人介绍给了索尔特。这样就开始了一场领事之争。

埃及残忍的领导人物巴夏·穆罕默德·阿里热衷于把国家建造成现代国家。他很开心能够用过去换取未来。为了埃及的利益，阿里狡猾地玩弄着世界上最危险的两个掠夺性国家的领事，造成了他们的互相攻击。

贝尔佐尼大概是世界上最不像埃及古物研究者的人，但是伯克哈特却看到了表象之下的真相：这是一个十分难得的人，他拥有十分稀有的技术，特别是面对工程技术时。贝尔佐尼因探险家的故事而激动，其中一个故事就是"年轻的曼农神"的头像。它与身体分开，单独搁置在尼罗河西岸滚烫的沙漠中。这尊雕像名叫"奥兹曼迪亚斯"，也就是拉美西斯二世的希腊名字，这个名字来源于雪莱的十四行诗。

本精心制作的图册，有40个版本，在欧洲引发了一场对埃及的研究热潮。古希腊和古罗马曾被当作西方文明不可替代的摇篮。目前这种说法有变。这一学科成为考古学的独立分支，有着独特的名字——埃及古物学。

当拿破仑的军队掠夺埃及时，一个名叫托马斯·布鲁斯的人，即埃尔金勋爵，从未忘记希腊和希腊艺术。英国大使到达君士坦丁堡后，埃尔金购买了一张许可证，把雅典帕特农神庙的大理石带状建筑移走了。奥斯曼土耳其人占领这里后，把这些大理石切割开并且磨圆，用作迫击炮的原料。1812年，埃尔金把这些雕像运送到英国。在这个过程中，他差点破产，他的行动确保了埃尔金大理石在希腊独立战争中没有受到进一步的破坏。

本页图

一些埃尔金雕像，少数有一些缺少胳膊，但是或多或少还有完整的，目前存放在大英博物馆里。它们回到雅典的可能性是英国和希腊之间持续存在的一个敏感问题。

在伯克哈特提供的信息的影响下，贝尔佐尼在埃及暴走，试图比德罗韦蒂以及他的伙伴——逃兵让－雅克·里福抢先一步。贝尔佐尼获得在底比斯挖掘的许可证，也获得了对卡纳克神庙的挖掘许可。这个地方被埃及人称为"精挑细选的地址"——这个事实激怒了索尔特，因为贝尔佐尼抢了他的风头。

伯克哈特和贝尔佐尼劝说索尔特，"年轻的曼农神"矗立在底比斯附近的沙漠中，应该让这尊雕像复活并把它送往大英博物馆。拿破仑的部队也在尝试移动这尊雕像，他们使用炸药去"炸掉它的整体"，却发现很难成功。

贝尔佐尼很不幸，德罗韦蒂比他先到一步。当他向当地执政者询问是否可以移动这尊雕像时，德罗韦蒂亲自来了。他告诉贝尔佐尼，没有劳工可以帮助他完成这个浩大的工程。贝尔佐尼没有被吓倒，他有很多办法，他意识到移动这尊雕像最好的方式就是利用尼罗河的水。他也意识到时间的紧迫性：这条伟大的河流将在一个月的时间内暴

右图
著名探险家约翰·伯克哈特，操着流利的阿拉伯语，在沙漠中乔装成阿拉伯人很多年。

下图
约旦沙漠中一处辉煌的消失之城——佩特拉。伯克哈特是发现这里的西方第一人。

发洪水。比赛开始了，贝尔佐尼找到了雕像的确切位置，并且为自己雇用了 80 个劳工。他用了 14 根木制杠杆、4 根棕榈绳及 4 根滚轴，移动了奥兹曼迪亚斯的雕像。

为了躲避白天的酷热，他经常在晚上工作。他用杠杆支起雕像，把滚轴放在雕像下方，前前后后地调整滚轴位置。一些工人拖动雕像，一些工人推动雕像：不用怀疑，贝尔佐尼也用尽力气。每一个人都抓着这块粉红色的花岗

乔凡尼·巴蒂斯塔·贝尔佐尼（1778—1823）

贝尔佐尼出生在帕多瓦，父亲是一名理发师，他做过许多职业，开始学习过水利，后来在荷兰成为一名理发师。他与穆罕默德·阿里的使者伊斯梅尔在马耳他会面，当时伊斯梅尔是埃及的总督，他把贝尔佐尼带到了埃及。在约翰·伯克哈特的推荐下，贝尔佐尼为亨利·索尔特工作。贝尔佐尼因他在底比斯对拉美西斯二世遗址、埃德夫的神庙，以及阿布辛贝和卡纳克神庙的工作而闻名。

岩雕像，把滚轴一次次从后向前移动，一英寸[1]一英寸地向尼罗河边走去。

在索尔特同意提供运送船只之后的一个月里，里福乘坐一条去往阿斯旺的大船离开了。他拒绝贝尔佐尼使用该船。每天，尼罗河的水都在下降，甚至贝尔佐尼的贿赂也不再对当地人有任何作用。他无法离开底比斯了。直到德罗韦蒂犯了另外一个错误，用沙丁鱼罐头试图买通另外一个当地高官——俄尔蒙的卡什夫。卡什夫面对如此寒酸的礼物感到非常愤怒。他对贝尔佐尼大发赞美之词，并设宴款待了贝尔佐尼和他的英国妻子萨拉。伟大的贝尔佐尼在这一点上，可以得到任何他需要的帮助，可以使用他需要的任何船只，可以移动他喜欢的任何一尊雕像。贝尔佐尼又从卡纳克神庙额外拿了一些雕像，他在尼罗河岸边修建了一个泥土做的斜坡，经历了惊心动魄的一刻："年轻的曼农雕像"陷入泥浆中，跟随萨拉到达开罗。

贝尔佐尼犯了一个错误。他用了一个会让现代考古学家大声喝止的工具——一把破城锤把坟墓打开，拿走目之所及的所有值钱的东西。他在阿布辛贝下方挖了 20 英尺（6 米），重新发现了大金字塔的入口，在帝王谷发现了五个坟墓。包括塞提 1 号，从而为一系列重要的发掘工作铺平了道路，现在其他人也可以进行这些工作了。

1844 年，美国副领事乔治·格里登做出一个决定，所有这些抢夺都应该停止："没有任何语言可以形容我们的错误，所有的东西在这里（卡纳克神庙）都被毁灭。"

幸运的是，在那些对埃及历史抱有极大尊重的挖掘者身上，有了新的、发展完善的技术。在这些新的挖掘者中，有一位法国艺术家弗雷德里克·卡约，他勤奋地抄写了数以百计的古代文件和莎草纸上的内容。威廉·班克斯同样在遗址上誊写了许多铭文，包括拉美西斯二世遗址。这两个人——一个法国人和一个英国人——做出的努力，帮助后来的一个年轻人商博良破译了罗塞塔石碑密码。

---

1. 1 英寸 =0.025 4 米。——译者注

本页图

艰难的工作：伟大的"贝尔佐尼"和他的工人站在"年轻的曼农神"边上。

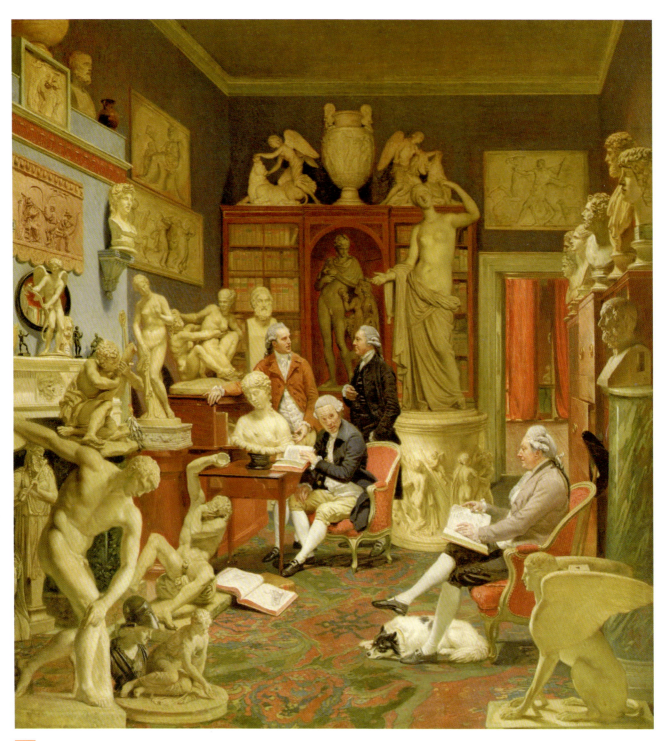

古文物研究者查尔斯·汤利以及他的朋友站在位于威斯敏斯特的自家房子里，这幅画是由约翰·佐法尼在 1782 年绘制的。在最前面的是由希腊雕刻家迈伦制作的工艺奇迹"投掷圆环"。汤利大量的收藏品最终进入大英博物馆。

希腊和民主

对希腊的描述和战争刺激了人们对希腊的首次挖掘。

当约翰·约阿希姆·温克尔曼写下古代有影响的艺术历史之后，他把主要是希腊的经典艺术描绘成欧洲文明的顶峰。这个德国工匠的儿子激起了人们对在奥斯曼帝国统治下的希腊的兴趣。

在欧洲社会，经典的罗马和希腊文明包含着最好的公民教育和艺术优点。因此，庞贝古城在16世纪中叶被挖掘出来后（见42—45页），就成为重要的旅游景点。民主意识是法国、英国和羽翼未丰的美国许多新公共建筑背后的象征。温克尔曼又说，社会文明的进步是指艺术的质量以及高贵性。有争论说，艺术的发展与文明的发展轨迹相同。

在占领奥斯曼帝国的暴行的刺激下，亲希腊的情绪在整个欧洲蔓延。英国陆军上校马丁·威廉·利克被派遣完成发现使命，他带回的大部分战利品被存放在位于剑桥的菲茨威廉博物馆。

1811年，当埃尔金忙着把卫城的大理石运过地中海时，一群业余考古学家建立了一种多元文化的友谊，最终将考古学放在研究的首位。德国建筑师雅各·林克、贵族奥托·马格纳斯力·斯塔克尔伯格，以及贵族卡尔·哈勒施泰因在雅典遇见了英国同行约翰·福斯特和查尔斯·罗伯特·科克雷尔。罗马曾经是那些富有的年轻人就读的精修学校的户外毕业旅行处，不过现在雅典也成为必不可少的去处。这群人在雅典卫城、索尼翁和埃伊纳岛上作画。哈勒施泰因曾经在岛上挖掘了神庙和朱庇特·潘希列尼翁。尽管哈勒施泰因把一些遗迹转移到了位于慕尼黑的古代雕塑展览馆，这群人还是在编制文件以及宣传德国古代遗址上做了有意义的工作。这些工作巩固了18世纪建筑历史学家斯图尔特和雷切尔的工作，也加深了普鲁士人、英国人和希腊人之间长久以来的考古情结。

带着清晰而让人敬佩的雄心壮志，德国政府派出年轻的历史学家恩斯特·库尔提乌斯带队去奥林匹亚进行科学考察。根据德国和希腊政府之间签订的协议，这是世界上第一回把文物留在当地进行研究的行为。库尔提乌斯带领着当时德国最好的考古学家进行工作，其中包括弗雷德里希·阿德勒和威廉·德普菲尔德。

雅典壮丽的帕特农神庙，矗立在雅典卫城突出的岩石之上。在18世纪和19世纪的游客看来，这座建筑似乎是精神和团结的象征，但事实上，它曾经五彩缤纷，而不是今天看到的精简的结构。一队国际挖掘组织曾经在这里工作。

时间静止之处

那是79年8月24日，一个平常的日子，在那不勒斯的庞贝发生了一件事情。中午刚过，震耳欲聋的声音划破夏日的天空，一股黑烟从维苏威火山山顶附近升到天空。刚开始，注意到这一现象的人们只想知道发生了什么。但很快，大家就陷入恐慌和震惊中。维苏威火山开始喷发，大量的烟、石头以及致命的热流涌入空中。

上图
这是神秘城堡之中的壁画艺术，在庞贝火山喷发前50年绘制，人们认为它表现了原始神秘祭祀仪式的启蒙方式。这座城堡位于庞贝古城北边0.25英里（400米）处，属于一位自由而富贵的先生伊斯塔西狄厄斯·佐西姆斯。

转眼到了晚上。大概有300人尝试从海边逃离。他们的身体在原地被碳化，蜷缩着跪在那里。15英里（24公里）之外，罗马作家蒲林尼和他的家人看到了这一场绵延在海边的灾难。

在西边10英里（16公里）之处的富饶海滨，灾难带来的破坏更为猛烈。在赫库兰尼姆，灼热的灰烬以及有毒的气体形成的小瀑布（就是人们说的火山碎屑波）使得当地居民瞬间失去生命。整个世界在几分钟内就被毁灭了。

在赫库兰尼姆，事实上高温使得所有的有机物都被碳化了，包括食物、木头以及皮革，这些都被保存下来供我们参观。在庞贝古城，情况是不同的。物体和人都被包裹在火山灰和岩浆中，最后形成多孔的外壳。在死亡的人群中，有38%的人是在逃跑中被坠落的屋顶和倒塌的墙壁击中而亡的。这两个相对平凡的地方因为它们遭受的突然打击和可怕的命运而成为非凡之地。大块等待烤制的面包还遗留在烤炉中。在入口处，用马赛克制作的"小心狗"的标记还清晰可见，为当时即将来临的选举制做的政治标语也依然存在。

现在它是世界上最古老的考古遗址，也是第一批被发掘的遗址之一。这告诉我们什么呢？尤其是在庞贝，即使根据维多利亚时期的标准，生活中也存在一些恶习。拥有奴隶是罗马时代里的一种正常情况。即使估计数字各有不同，但还是可以推测出，当时居住在意大利的人中，有三分之一是奴隶。

然而，在庞贝古城里，生活还是展现了许多和善的地方，尤其是在拥挤的街道中矗立着华丽的喷泉，以及在当地肥沃的火山土壤的滋养下的富饶生活。这里的人们生活丰富多彩，在灾难来临的那一刻，庞贝是繁荣的、富饶的。

在一座寺院屋顶的陶瓦上发现的脚印证明通两种语言的人同时出现在这一地区。德特弗里和阿尼卡共同在瓷片厂工作，或许他们在一起制作生产了屋顶。欧斯干本地语言是从右到左书写的（尽管曾经是意大利的南部地区）。在题目上是这样写的："伦尼乌斯·萨蒂乌斯的奴隶德特弗里，用脚印为证。"这时，他的朋友阿尼卡也加入了他，从左到右书写着拉丁文："伦尼乌斯的奴隶阿尼卡，记录着我们放置瓷片的时刻。"

对现代考古学家和历史学家来说，这一日常生产片段显示着这个帝国依然处在转型期。在一个世纪之后，欧斯干语言被拉丁文化完全取代，直至消失。正是这种见解使得庞贝古城和这里的考古发掘成为独一无二的。

石膏中的人

19世纪，意大利的挖掘工人朱塞佩·菲奥勒利在庞贝古城凝固的火山灰中注意到四个孔洞。他意识到，如果把熟石膏从这几个孔洞中倒入，他可以复制出真实的复制品。他第一次做这些事情时，他得到了四个令人心酸的人

物：一个人拎着一袋钱，带着他的两个小女儿，最小的那个扎着小辫子。他的妻子从他们身后的乱石堆中爬出来，手里拿着幸运女神的雕像。

庞贝的铸件模型让人感到不安——显示出对人类苦难的记忆。人们保持了他们死亡时的样子：一个士兵试图拿着他的长剑，一把匕首和一袋子工具逃跑。一个婴儿被留在一座房子中镶有马赛克的中庭的婴儿床上。一个男人手持斧头，试图破门而出。或许最著名的模型就是一只狗，在那场灾难发生的一瞬间被永久固定了，它正试着咬住它的尾巴。

考古学发现事实

朱塞佩·菲奥勒利于1863—1875年指导了对庞贝的挖掘工作——他偶然发现了一种保护遗址更好的方式。在他之前，大部分建筑物都是从边上开始挖掘。用这种方式挖掘的结果就是经常会破坏到支撑墙体以及其他一些有价值的物证。菲奥勒利用了自上而下的方式挖掘房子。

像其他从这一时期开始工作的考古学家一样，他寻求使用科学的方法指导工作。工作在系统方法的带领下进行，

上图

一只狗的圆形铸件，展现的是在痛苦中死去的狗。

挖掘工作时间表

这种方法把整个遗址划分为用编号编好的分类区域，分为街区（区域）和住所（房子）。他按照原定计划进入新的区域，而不是随意地去寻找宝藏。他的编号系统一直到今天都存在于庞贝古城，他的方法不仅极具影响力，而且在考古学上是无价的。

他的研究表明，火山爆发后，一些幸存的居民实际上又回来了，"这个房间已经荡然无存"这句话被胡乱地写在庞贝一处最高的墙壁上。

这两处城镇在长达 1 500 年的历史中几乎被人们所遗忘。蒲林尼（年轻的时候）在那天失去了自己的舅舅，给我们留下一些记录。

考古学赋予蒲林尼时代人们新的生命。直到 20 世纪 70 年代，在赫库兰尼姆附近的金手镯屋里，人们才发现了迄今为止最闪亮、最令人欢愉的艺术品之一。这里有一处壁画，显示出奢华的半圆形花园里装饰着雕塑以及喷泉。在上面刻画着美丽的栩栩如生的鸟儿：一只胆怯的黄鹂鸟、一只松鸡、一只燕子以及一只喜鹊。这让人兴奋地感觉到这里应该还有如此令人激动的壁画等待挖掘。

下图
6 世纪，赫库兰尼姆的海神和安菲特律特神殿上喷泉上的马赛克装饰。

马赛克

马赛克地板是由上千种小几何形状的石头、玻璃和大理石构成的，这些东西被称为镶嵌物。这些东西被放置在灰浆平台上，然后用厚木板把这些东西压平整或者用托盘把表面刮平整。这时，再用石膏填满这些镶嵌物之间的空隙，然后用橄榄油涂料进行打蜡。这些做法都使镶嵌物的色彩更明显，同时起到了保护马赛克的作用。马赛克是利用微小的镶嵌物来体现绘画的场景，有的时候用的镶嵌物比一平方厘米还要小。这种细致就意味着这一艺术品可以在细节上变化颜色、阴影和线条。这种技术可以称为虫子作品（字面意义就是像虫子一样工作）。真实的情况是，这种艺术品往往放在浮雕艺术的中心地带。世界上最伟大、最优秀的马赛克装饰存在于庞贝，反映了伊苏斯战役中亚历山大大帝的伟大。这件艺术品使用了超过 400 万个单独的镶嵌物。

雅典奥林匹亚的宙斯庙，是一个巨大的建筑，象征着希腊和罗马之间的争议性会议。它开始建造于公元前 520 年，但是在很久之后，却由一名罗马建筑师建成了柯斯林风格。它的光辉很短暂：公元前 87—前 86 年，在苏利亚对雅典的围攻中被洗劫了。

库尔提乌斯，声明他发明了"大挖掘"的理论。他同样把新的合作精神带入考古挖掘中，把在希腊奥林匹亚发现的文物罗列出来并留在了当地。他还将新的严肃的工作方法带入了考古学界。

在此后的六年里，许多建筑物由鲍桑尼亚清晰而准确地记录出来，包括赫拉神庙、宙斯神庙、自然女神庙、菲利佩欧神庙、珀罗普斯的选区和回音柱廊。在有了国家身份后，希腊可以颁布自己的法律。谁也不可能在不接受任何抗议的情况下，就拿走希腊文物。但是依然还有一些人愿意尝试一下，包括高调的、不讲道德的冒险家——海因里希·施里曼。

围攻特洛伊

海因里希·施里曼决定把他的余生贡献给一个伟大的神话传说：《伊利亚特》，这是《荷马史诗》中关于绑架美丽的海伦和对特洛伊围攻十年的故事。特洛伊是真实存在的吗？如果是，这座城市可以被找到吗？

上图

海因里希·施里曼的巨额财宝意味着他不需要筹集挖掘资金也可以承担一次又一次的挖掘工作。

左图

特洛伊留下的为数不多的财宝，但是在周边地区的挖掘工作提示了这个青铜器时代的城市的规模。

1858年，在施里曼36岁时，由于金矿贸易，他获得的财富超乎他的想象。他与一个谦和而安静的外交家弗兰克·卡尔沃特见了面，此人是研究荷马的专家。在20年的时间里，卡尔沃特研究了在达达尼尔海峡附近的"特洛德"，并且标注出位置，对比了各项记录，还试图说服大英博物馆对此处进行挖掘。他确信他在希萨利克发现了传说中的特洛伊，而且他的发现有着清晰的证据和土堆。波斯国王薛西斯、亚历山大以及土耳其苏丹穆罕默德二世都认为这里是特洛伊遗址。卡尔沃特的实验表明，该遗址曾两次被夷为平地，这与荷马的描述相符。

施里曼嗅到了出名的机会，他正式沉醉于寻找传说中的特洛伊遗址中，声称这是他儿时的梦想。他很快成为这名英国人的合作伙伴——不久之后就正式接管这项工作。

施里曼最初的发现中规中矩，在土耳其官员阿敏先生的监视下完成：发现了黏土制成的杯子、装饰着猫头鹰的球体、雅典娜女神的圣像。施里曼下令将该地区活着的猫头鹰全部射杀，因为他讨厌在晚上听到它们难听的叫声。

他的日记表明了他的经验不足，也记录了他在遗址中

收获的东西让他感到多么困惑。他从来没有意识到挖掘工作是如何艰难。让他感到欣慰的是，他最终发现了一堵墙，他声称这是"神圣的伊利昂塔的残垣断壁"。

"任何一个人现在必须承认，"他写道，"我解决了巨大的历史性谜题。"他开始从"特洛伊"发出信件。

施里曼的职业修养被刚从奥林匹亚恩斯特·库尔提乌斯的土方工程学毕业的年轻人威廉·德普菲尔德所拯救，他是一名地层学挖掘先驱。和施里曼一样，德普菲尔德也沉醉于求证《荷马史诗》所记录的是否正确，但是他系统而科学的方法让他成了更好的考古学家。

施里曼倾向于把他的发现从这个国家走私出去。一个五月早晨的早些时候，他看到在地下闪烁着金子和铜器的光辉——他对工人们说，早上可以放个假。当时的发现包括一个有着船形的柄的金子做成的杯子、耳饰、金戒指和手镯、有着银十字的精美的皇冠、由16 000片金片编织成的头饰——大部分都被认为是"海伦的珠宝"。他把这些财富放在他第二任老婆索菲娅的围巾中，然后这对夫妇匆匆忙忙来到他们在遗址中的临时小屋中。当天晚上，由

佩戴海伦的珠宝的索菲娅·施里曼。一些人指责她的丈夫在当地市场上伪造了头饰。

施里曼在迈锡尼卫城发现的这个大杯子碎片，他把它称为"勇士花瓶"，因为上面刻画了士兵的样子。

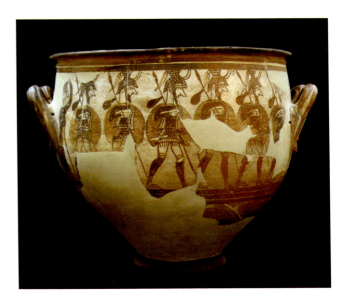

于害怕被别人发现，他们把这些财宝转移到附近的一处农场里。施里曼在日记中写道，他为希腊以及考古学界保留了这些财宝。接下来，他为这些东西做出安排。依旧拥有遗址中的一半东西的土耳其人，却依然不满意。

施里曼没有让真相以合适的方式面世。他拍摄了一张索菲娅佩戴海伦的财宝的照片，然后声明："伟大的施里曼发现了特洛伊！"

果真如此吗？看上去施里曼撒了谎。他的日记有大部分内容被修改过了。当他发现"普里阿摩斯的宝藏"时，索菲娅并没有在现场——由于她的父亲生病，因此她当时正在雅典。《泰晤士报》的一篇社论甚至暗示施里曼伪造了珠宝，然后自己把这些东西埋入遗址中。

在1876年那个潮湿的冬天，施里曼又一次动身了，但他被禁止进入土耳其帝国境内。他写信给希腊当局，要求在奥林匹亚和迈锡尼进行挖掘，认为后者是伟大的勇士阿伽门农国王的家。希腊当局明智地拒绝了他的申请。

然而索菲娅和施里曼无所畏惧地出现在迈锡尼，告诉地方政府他们获得了国家的允许。他雇用了一队人马进行团队工作，被捕前在高温下工作了20多天。接下来土耳其人阻止了这一切。他们把施里曼逮捕了，以盗窃"普里阿摩斯的宝藏"的罪名对他进行起诉。

施里曼仍然拥有足够多的钱把他从麻烦中解救出来。最终，他获得了于1876年在迈锡尼城继续挖掘的许可，尽管希腊考古研究所对他进行了严密的监视。一个月内，这队人马就发现了首次发现青铜器时代的几位首领。他们被分别埋葬在"乱石"坟墓中，陪葬的还有那些惊人的武器，他们每个人都佩戴着超凡的金质面罩。这一次，施里曼无法把太多的东西拿出来，因此他做了一些宣传。就像一直以来的态度那样，他声称他发现了阿伽门农、卡珊德拉和欧里梅敦的坟墓。

施里曼的方法是破坏性的，他的做法也是非法的。但是他不屈不挠的精神以及讲故事的方式激发了整整一代人参与考古学。

那时，许多专家都同意在希萨利克发现的土堆就是特洛伊。然而，施里曼真正的成就在于提示了另外一个完整的文明，一个我们几乎认为并不存在的文明。这并不是《荷马史诗》中描述的文明，而是迈锡尼文明。施里曼和他的追随者向我们证明，在青铜器时代存在着先进的文明。

20世纪80年代，美国教授曼弗雷德·科夫曼透露，特洛伊是一个大城市。它的范围曾经延伸到平原以外。他还在公元前12世纪发生过的一场战役的城堡里找到了证据。土耳其考古学家今天依然在对那里进行挖掘。

知识之光

席卷欧洲的浪漫主义民族主义浪潮为获取新知识的理想提供了新的、爆炸性的推动力。当然，这得益于对"深刻的时间"和人类历史的真正广度（见86页）有了新的、更广泛的理解，在达尔文理论的影响下，考古学开始发展出一种全新的严谨的学术标准。

这个工作是由一部分业余学者开始的，诸如沉醉于巨石阵的斯图克利、痴迷于古代人类文件编制工具的布歇·德·彼尔特，这将为这项工作提供一个专业的基础。渐渐地，随着私人慈善团体和国家机构的介入，富人出资进行私人的挖掘以及穷人试图用挖掘工作改善命运的事情变得越来越少。

17世纪，瑞典给予考古学一个教授职位。现在，荷兰的莱顿大学认命了世界上第一位考古学教授——卡斯帕·鲁文斯。在丹麦，詹斯·沃尔开始同神话故事的"历史性理论"进行争论，因为上述理论认为古挪威神话是真实存在的。他争论说，对史前史研究得最好的专家不是历史学家，而是从事艰难的、物质性证据的研究的考古学家，这群人将汤姆森的三时代系统研究法带到田野工作中。他的层层挖掘方法逐渐成为风靡欧洲的标准——最重要的例子就是在庞贝古城的挖掘工作中使用的方式（见42—45页）。

右图
雅克·布歇·德·彼尔特的发现。石头工具可以帮助我们了解智人在地球上的经历。

左图
丹麦考古学家詹斯·沃尔，第一个使用地层学的人。

在商博良破译了罗塞塔石碑（见106页）的伟大成就的激励下，逐渐地，考古学研究变成了多专家集合的领域，他们使用的方法比起之前的考古学先辈来说更系统、更专业。这些先驱者包括在1866年于坦尼斯发现坎诺普斯法令的卡尔·理查德·列普修斯。该法令用三种语言写成，它证明了商博良对象形文字的开创性翻译是正确的。

查尔斯·达尔文以及人类的起源

受到地质学家和考古学家越来越惊人的证据的鼓舞，科学将改写地球上生命的历史。查尔斯·达尔文困惑于他自己的想法，他向未婚妻爱玛·韦奇伍德倾诉了自己的困扰，她劝他去读一读《约翰福音》。在接下来的20年里，达尔文领悟到一些更详细的结论。进化论证明人类只是有智力的动物吗？如果人类是进化的产物，那我们对上帝的道德责任感呢？同样令人不安的是，有人认为智人不是一种独特的生物，而是早期人类物种中的一种。另外，关于冰川的新的科学理论让人们逐渐认识到地球经历了许多次冰川时代。因此，在1859年，不仅有出版物《物种起源》的问世，还有伦敦的皇家学会出版的雅克·布歇·德·彼尔特在地球深处发现的一系列关于史前工具的文集，这是他数十年来的工作成果。

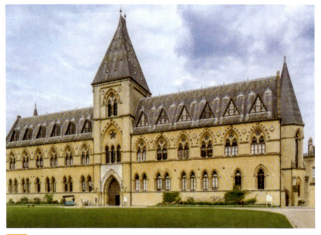

超凡的皮特里的挖掘物依然存放在位于牛津大学的皮特里埃及考古博物馆里。

卡尔·列普修斯的《从埃及和埃塞俄比亚的古迹》（1849年）一书展示了底比斯的阿蒙霍特普三世（门农）的巨像。列普修斯绘制了大量的地图，制订了大量的计划，为了能够出版埃及的咒语和铭文，他甚至委托出版社用一种特殊的字体进行印刷。

在埃及之旅中，列普修斯绘制了大量的地图、平面图和寺庙的草图，这些是他留下的唯一记录。直到100年后的1980年，人们仍在使用它们来鉴定一座"无名金字塔"，这座金字塔自列普修斯时代以来，一直被25英尺（约8米）高的沙丘所覆盖。列普修斯常被称为"埃及学之父"（尽管有很多人争夺这个头衔），他识别出泰因哈特字体，这是已知的第一种象形文字。

奥古斯都·皮特·里弗斯，他位于牛津大学的著名人类学博物馆在今天仍然吸引着游客，对他作品的可视化打破了前面的模式，使考古学工作在高度详细的模型以及计划下变得更容易理解。他考察了英国的许多地区，包括他自己位于英格兰的克兰本沙斯庄园。

在维多利亚时代的英国，创新、推动"进步"都是时代的潮流。威廉·弗林德斯·皮特里爵士成为第一批专业人士中的一员。他带来了许多考古学中全新的有用技能，包括他的工程师父亲教给他的测量学。杰出数学家皮特里利用两年来对吉萨大金字塔以及周边平原的细节上的调研

左图

吉萨大金字塔。在前面的三个小一点的金字塔就是皇后金字塔。尽管人们骑着骆驼在最前面，但还是难以看到这里的全貌。

皮特里凡事躬亲。他把埃及描述成"在火上的房子"。惊讶于他看到的破坏率，他利用考古学家喜欢的新工具摄像技术，竭尽所能地对文物进行编号。

在埃及古物学的糟糕年代里，发现的东西和挖掘机之间的发现比例是50：50。从皮特里时代开始，和其他国家一样，埃及坚持要把国家内部的发现留在当地。这造成了挖掘工作的资金筹备问题。皮特里的私人支持者，比如曼彻斯特商人杰西·霍沃斯，希望他们的投资能有所回报。

在另外一种时代精神的激励下，慈善家——富有的小说家艾米利亚·爱德华兹介入了。1873年，爱德华兹成了一个不知疲倦的出征者，她到达阿布辛贝神庙，试图阻止对埃及古代遗物的破坏和怠慢。她联合成立了埃及考古挖掘基金，为埃及考古学提供了独立的资金支持，让皮特里在伦敦的一所大学里得到一个考古学教师的岗位。从那时起，皮特里可以用一半的时间在伦敦教书，然后用一半的时间在挖掘季到埃及进行考古工作，或者是到他身故后的安葬地巴勒斯坦去考古。

皮特里身上体现了专业考古的另外一种精神，为了解开世界历史上的不解之谜，有着献身精神的男人和女人不辞辛苦、不远万里地奔波：阿尔弗雷德·基德尔狂热地研究出一个适用于美洲的新的年代表；多罗西·加罗德在卡梅尔山旧石器时代的洞穴里进行挖掘工作；麦克斯·乌勒在玻利维亚、秘鲁、

驳倒了普遍存在的观点——"金字塔英寸"。"英寸"理论认为，英国的计量体系来自一个神圣而古老的源头，其灵感主要来自古埃及人。他对金字塔高原使用的三角测量方法始于1880年，这个方法相当精确，依然是现代所使用的数据基础。

挖掘工作是破坏性的。皮特里仅仅意识到文件编制和大概的方法论的重要性。未来，人们在需要的时候可以重新翻看他给出的证据——尤其是当知道了他发表的论文的数量时。皮特里和他的妻子希尔达继续在埃及一些重要的考古遗址工作，他们设计出了一种叫作序列年代测定法的新方法。这种方法改变了汤姆森方法，是一种用技术类型进行区别的方法，这样就把这一方法延伸到了"类型学"中，如用陶器的风格确定其被造的时间段。

全在车上！不满足于简单的创新。皮特里和他的妻子希尔达训练下一代考古学家。

智利从事研究工作；以及格特鲁德·卡顿·汤普森对西方对非洲文化的假设进行了挑战性研究。经常性地，他们的工作是说服各国政府保护他们以前没有识别出来的、最为珍贵的文物。然而，乌勒需要仰赖一个富有的捐赠者的支持，这个人就是美国报业巨头威廉·兰多夫·赫斯特的母亲菲比·赫斯特。直到第二次世界大战后，来自专门机构提供的资金才成为维持考古学家工作的主要经济来源。

地面以下

与此同时，另外一个富有的美国人在发现历史方面成为人们关注的焦点。这个浪漫人物完全符合考古学的冒险传统，但是他不是墓穴入侵者。他同样掌握了 20 世纪新武器的全部优点：大量的宣传。

如果有谁能够真正被称为夺宝奇兵，那一定是美国冒险家、飞行员和学者海勒姆·宾厄姆三世。就像他在银幕上展现的那个人一样，戴着那顶神气活现的帽子，他既是学者（他在哈佛大学教授历史及政治学），也是一名有着百折不挠的冒险精神的旅行者。

1911 年，海勒姆·宾厄姆几乎陶醉于高地探险，他发现他自己正处在秘鲁热带雨林的高处。在他脚下，亚热带雨林绵延数英里，笼罩在一片薄雾之中。为了寻找印加最后一个城市维特科斯的遗址，宾厄姆和他的小队人马曾经爬上海拔 7 970 英尺（2 430 米）的安第斯山。想想当时，几千英尺下面是激流翻滚的河，他在巨大的花岗岩峭壁之间艰难穿行。

出人意料的是，美国探险家猛然间发现了一个明显漂亮的、高耸的层叠式石头，上面覆盖着葡萄藤。他们发现了一个消失之城，几乎是工程学上的奇迹，是一座几乎屹立在世界之巅的宫殿建筑群：马丘比丘（见 54—57 页）。

在探索者非凡的宣传能力的推动下，"探索"这个词很快就传遍全世界。宾厄姆总是带着一部照相机。不幸的是，他后来的挖掘工作以及围绕着他们的传言，引来了数十年的激烈讨论。到了 2008 年，秘鲁甚至对耶鲁大学发起了一场诉讼。最终，双方达成协议，在库斯科建立了马丘比丘博物馆，发掘小组大部分的发现都归双方共同所有。

作为考古学家来说，宾厄姆的技能是什么呢？宾厄姆有许多批评者——他有着不恰当的假设，例如，他认为这个遗址与古希腊是同一时代的。但直到现在，就像它身后的那座大山一样，马丘比丘的真正起源还隐藏在迷雾中。

洞穴中的间谍

问：谁是完美的间谍？

答：考古学家。

考古学家有一个跨越国界线的完美借口。他们往往擅长记忆细节，有合理的理由查阅历史档案。他们通常有顺其自然的机会去观察部队的行动，或者是注意到军事装备和基地的分布情况。如果他们不询问有关当地文化的问题，那就太奇怪了——他们经常能够破译消失的语言，这是掌握一些代码的用处。这也就难怪，有如此多的考古学家在为情报部门工作。

在第一次世界大战期间，来自大英博物馆的两名年轻人在巴勒斯坦南部边境开始挖掘和研究工作。一位是伦纳德·伍利，他是20世纪考古界的一流人物，他在把考古学转变为科学学科方面做出了重要贡献。另一位年轻（也是真诚的）考古学家是托马斯·劳伦斯，他四年前刚刚从牛津大学毕业。在后来，他被誉为"阿拉伯的劳伦斯"，是20世纪最有才气、最优秀的军事家，也是现代游击战的发明者。

托马斯·劳伦斯是一位真正的考

上图

这处遗址是在联合国教科文组织的世界遗产之地，在以色列海法附近卡梅尔山的范围内。这里的考古工作是由英国考古学家多罗西·加罗德进行的。

消失之城

    当宾厄姆第一次见到马丘比丘时，他把这一古老的城堡当作太阳庙，给予周围的环境一种神秘的气息。他解释说，从三扇不同寻常的窗户望向远处广阔的山脉，就像神话中的印加太阳之子从三个洞穴中走向世界一样。

上图

马丘比丘高耸的梯田，上面长满了葡萄藤和灌木。

在耶鲁大学的赞助下，宾厄姆在 1912—1915 年把这个遗址研究并且挖掘清楚了。《国家地理》杂志把 1913 年 4 月的所有期刊都贡献给马丘比丘和海勒姆·宾厄姆，这使得这个遗址和此人在全美国和全世界引起轰动。

不可避免的是，尽管考古学家努力将注意力集中在城堡上，他们仍然会成为故事的中心。"我们完全被爱和科学所引导，"宾厄姆在写给《商业日报》的文章中这样描述，"给予了秘鲁应得的绝对声誉。"

在舆论界，他有他的支持者。同一个报社的编辑反驳道："耶鲁大学是为了秘鲁的荣誉而工作：它将会自己出资，让这个不为人知的世界面世，这处遗址在几个世纪的破坏性的行动下，一直在恶化。"

一些人认为这处遗址是休息场所，因为这里是印加贵族使用的温泉之处。高山或者太阳崇拜是有可能的。"印锑·瓦达那"石按照字面意思就是"拴马柱"，是为了让太阳在运行轨道上受控。"印锑·玛雅"是一处光只能在 12 月的几天里透射进来的洞穴，在这里有一种特殊的仪式，男孩子进入成年后会被组织观看日出。

惊鸿一瞥

但是，这里曾经是个百宝箱吗？整整 100 年以后，2011 年，马丘比丘的一场山体滑坡把一名游客——法国工程师戴维·克雷斯皮困在马丘比丘，他决定再看一看这个地方。在入口的不远处，他注意到一个洞口被巨石堵住了。克雷斯皮记录下他的想法："这是一个门。"入口的

上图
"印锑·瓦达那"或称为"拴马柱"，为了在太阳穿过山峰时将太阳抓住。

位置很清楚，成千上万的游客都能看到。

这名游客向 10 名当地的秘鲁考古学家报告了他的预感，考古学家向他承诺会对这些进行调查。失意的克雷斯皮联系了在贝杜待过很多年的法国历史学家和探险家蒂埃里·雅明。雅明同意克雷斯皮的看法——在岩石之下的东西很值得研究。

2011 年 12 月 9 日，雅明向秘鲁文化部申请允许他的跨国公司团队研究这里的地下建筑。他们可以利用遥感技术、无创仪器：探地雷达、电磁共振探头以及分子频率鉴别器。他获得了官方许可，研究项目在 2012 年 3 月开始。

几乎是在一瞬间，第一台传感器发现了一个楼梯、两个走廊以及一个方形的中央大厅。他们发现他们可以为深入地下 65 英尺（约 20 米）的复杂体绘制 3D 地图。探地雷达同样在地下发现一些更小的房间和一系列小空间，看上去似乎是一些坟墓。

团队再次用设备对地下建筑进行扫描。结果是惊人的：楼梯通往的中央大厅是用金子做成的。他们是发现

上图

"月亮庙"在洞穴突起之处的下方。不同的门代表着地下、天堂和大地。令人惊讶的是，精美的阿什拉石雕背后隐藏着秘密的门和面板。

了帕查库提的陵墓吗？传感器提示，这里有更多的金器和银器。

2012 年 5 月 22 日，雅明向文化部询问，他的团队是否可以移除挡在通往地下复杂建筑洞口的大岩石，是否可以亲自对下面进行研究。2012 年 11 月，当地官方批评该项目"缺乏科学方法"，秘鲁文化遗产理事会拒绝了他的申请。文化部和马丘比丘董事会同样认为他们担心任何一场挖掘都会破坏遗址的稳定性，这是一些别人不关心的问题。

有一件事情可以确定：如果秘鲁当局允许考古小组对这里进行研究，并且研究发现的相当于图坦卡蒙国王陵墓的印加古墓，那么将会使来参观马丘比丘的游客数量激增。

知名度

目前，马丘比丘的巨大名气正威胁着它和当地。秘鲁当局将每日来访的游客数量限定在 2 500 人以内。然而，他们允许在靠近入口处建造豪华酒店，大规模的旅游团和相关的开发正在破坏动物的自然栖息地，比如"眼镜熊"，或者称为安第斯山短脸熊，就是童话故事中最常见的形象帕丁顿熊。考古学的探索带来了奇迹，但是有太多的人涌入马丘比丘去参观是一件好事吗？

海勒姆·宾厄姆三世
（1875—1956）

宾厄姆是一名又高又瘦又英俊的人，他有幸娶到了珠宝商查尔斯·L. 蒂芙尼的孙女，从理论上说，这个商人的财富是支持他奇思妙想的旅行的来源。宾厄姆是五月花号的后代，他的曾祖父和祖父全都叫海勒姆，都是新教徒。

上图

太阳庙。2013 年的一项研究表明马丘比丘是复杂而神秘的印加小道上不可分割的一部分，这条小道穿过难以想象的高山之境。

古学家，也是一名真实的间谍。他的使命是什么？是一项被称为"寻的旷野"的研究。由于担心奥斯曼土耳其人会站在德国人和奥地利人一边参战，英国情报部门希望为部队确定一条穿越沙漠袭击苏伊士的战略路线，苏伊士当时是英国和它最主要的殖民地印度之间的重要战略纽带。在巴勒斯坦和风雨飘摇的奥斯曼帝国之间的沙漠地带实际上是一片处女地。劳伦斯在写他叙利亚、黎巴嫩、以色列的十字军城堡的大学论文时，已经徒步 1100 英里（约 1770 公里）。1911 年，他的特别使命就是监督德国在连接柏林和巴格达之间铁路上的行走进程。

他们的这项任务是在巴勒斯坦考古基金会的支持下进行的，该基金会是专门从事《圣经》考古的合法组织，直到今天依然在运作。伍利和劳伦斯·伍德对《圣经》中的迦基米施（开尔凯美什）遗址进行了挖掘，这里曾经是古老的赫梯帝国的东方首都，根据《圣经》的记载，公元前605 年，在这个地方，古巴比伦帝国皇帝尼布甲尼撒二世击败了亚述帝国。

在这里，劳伦斯学习了阿拉伯语，开始对中东历史感兴趣，并且在随后的岁月里致力于对其进行研究。

在一次前往亚喀巴附近伊莱坟墓的多事之旅中，劳伦斯和伍利设下计谋从一位心怀不满的意大利工程师手里拿到了这条铁路的秘密设计图。三年之后，劳伦斯受雇于英国军队，把他在该领域的专业知识详细地提供给位于开罗的英国情报部门。当亚喀巴在 1917 年 7 月沦陷时，他正带领一队阿拉伯骆驼军队作战。这一著名的胜利在 1962年被拍成电影《阿拉伯的劳伦斯》。

劳伦斯并不是唯一的间谍。著名的佩戴手枪的格特鲁德·贝尔就是英国在阿拉伯情报部门工作的重要间谍。她在广袤的沙漠中穿行，穿着裙裤，这就让她能像男人一样骑马。

1916 年，贝尔在巴士拉附近侦测出伊拉克部落的活动。很快地，她被征用为第一名女性军事情报官员，负责评估阿拉伯国家加入劳伦斯的反奥斯曼起义的意愿。

比起一名考古学家来说，贝尔更是一名文化内奸。她帮助人们改变了对该地区的态度，并写下了文物保护法律，

右图

首先，学会骑骆驼：阿拉伯的劳伦斯就是这样做的。这位年轻的考古学家努力地推动阿拉伯国家认识到国家和部落的忠诚，但是最终这一切被 1916 年签订的《赛克斯－皮科协定》所推翻。俄罗斯同意划定输电线，剩下的就众所周知了。

上图

间谍、谎言以及军事路线：《圣经》中的迦基米施战役是埃及同亚述与巴比伦军队之间的战斗。前者被著名的尼布甲尼撒二世在《耶利米书》中描述的那场史诗级的战役中打败。

右图

格特鲁德·贝尔像知道手枪如何使用一样能把帐篷搭好。

阻止欧洲博物馆粗暴地挖掘中东的整个文明。随后，她成为伊拉克古代史的名义董事。在她的多次旅行中，她同样对成百件古代、中世纪建筑进行拍摄并编制成册：从亚述、巴比伦、赫梯古迹，到尖塔、清真寺和早期伊斯兰宫殿。

间谍活动并不都是一个样子。在 20 世纪 30 年代的爱尔兰，国家博物馆的德国主管阿道夫·马尔被捕，被指控为一名纳粹间谍，帮助希特勒完成对爱尔兰的入侵计划。

1917 年，士兵们逮捕了一名头戴遮阳帽的美国人，他正在洪都拉斯海岸线上对一处古老的西班牙堡垒拍照。西尔韦纳斯·莫利向指挥官抱怨，他是一名专业的中美洲考古学家。其实，他此行的真正目的是在中美洲搜寻德国的短波广播电台和潜艇基地。

莫利是许多以自己的职业为掩护进行情报收集的美国考古学家和人类学家之一。这种爱国精神也许并不令人奇怪。阿尔弗雷德·基德尔，是一名美国考古界的著名人物，他以一名军官的身份服务于法国步兵团；查尔斯·皮博迪，教授军事科学。在战争中，位于哈佛大学的皮博迪博物馆的整个顶层都转变为军事无线电学校，一楼的一部分成为军队训练团的教室。几乎整个博物馆的工作人员都参与了战争。

下图
利考尼亚的 Binbirkilise，位于现在的土耳其：其中一个贝尔遗址帮助挖掘和记录了这里。这个拜占庭中心的意思是"一千零一个教堂"。

第二次世界大战时的考古学

第二次世界大战开始时，随着对英国南部萨顿胡的研究进展，一些挖掘工作就停止了（见 165 页），但是还有一个人对未开发的考古学遗址有着浓厚的兴趣。

1938 年，当阿道夫·希特勒对罗马进行国事访问时，意大利法西斯首领墨索里尼对此表示了热烈的欢迎，并且献上了精心组织的夜间车队，墨索里尼曾说，他讨厌德国游客挥舞旅游手册的样子。古罗马令人惊叹的美丽被 45 000 盏现代电灯照亮，由 100 英里（约 160 公里）的电缆连接起来。具有皇权象征的罗马圆形大剧场，从里到外被红色的灯光照射，血红色的灯光映射在绿色的草地上，这个影像让希特勒沉醉。

像他以前的许多人一样，希特勒也从罗马帝国吸取了

恩斯特·沙弗尔以及他的政党热情款待西藏纳粹党卫队圣遗物组织成员。

教训，其中之一就是罗马曾经是一只文化布谷鸟。它贪婪地吸收着其他文化的影响，崇拜别国的神灵，这样一来，它能使敌人的士兵反抗自己的国家。希特勒不惜一切代价为德国的命运做准备：创造和控制这个有着 1000 年历史的帝国。

1938 年 12 月，一小支远征队努力向北慢慢靠近喜马拉雅山。陡峭而险恶的山路使他们越走越高，但他们的 50 头骡子却不再前进，纳粹党徽的旗帜仍然僵硬地悬挂在冰冷的空气中。他们的领路人是恩斯特·沙弗尔，他与其他四个科学家一样，是圣遗物这个纳粹组织的成员。其研究的核心是调查雅利安人的起源和扩散。因此，他们在

西藏到底做了什么呢？

他们在寻找人类的史前起源。这一理论起源于德国哲学家伊曼努尔·康德，他认为西藏是生命的起源。他把可能是人类祖先的第一个族群命名为"雅利安人"——这个名字来源于梵语单词"雅利亚"，意为"贵族"。奥秘派随后又做了更深入的研究，声称在人类历史上有过七个不同的族群起源。其中一支出现在大西洋中部一个被人遗忘的岛屿上，就是传说中的亚特兰蒂斯，由哲学家柏拉图第一次介绍给世人。来自亚特兰蒂斯的幸存者在喜马拉雅山的自然屏障中避难，并建立了一个名为香格里拉的新王国，一个藏族伊甸园。在这一过程中，他们把他

上图

在瑞典布胡斯兰省的一处岩石壁画上表现的青铜器时代的一种斧子舞蹈。

们伟大的知识和智慧传授给了雅利安人。这是世界上第一个"扩散理论"。

这支队伍里 26 岁的人类学家布鲁诺·贝格尔，详细记录了当地居民的情况，提取了他们的指纹，仔细地检查了他们的面部特征、头发以及眼睛的颜色。他开始相信，当亚特兰蒂斯的幸存者和藏人通婚之后，雅利安人的优等

种族特性被削弱了。由于意识到战争很快就会爆发并阻止他们回家，因此该队在收集了 2 200 张照片后匆匆撤退。

圣遗物组织的工作在于创造神话。对希特勒心爱的雅利安人的搜寻计划是精心设计的，用以证明现代德国民族繁衍的雅利安人点燃了文明的第一支火炬。唯一的问题是，德国华丽的史前寺庙在哪里？纳粹党人在其他地方

上图

这是一支雅利安祖先吗？当圣遗物组织资助历史学家弗兰兹·阿泰姆在意大利的卡莫尼卡山谷研究岩石艺术时，他开始将纳粹的意识形态刻在石头上。上图是一个捕鹿细节图。这一遗址的历史可以追溯到青铜器时代，到了中世纪，当地的岩石画传统复兴了。

找到这些……

一支远征队进入瑞典的布胡斯兰岛以研究那里的岩石画，有人声称这些画里记载了青铜器时代雅利安人的语言雏形。希姆勒的挖掘部门是从纳粹党卫军处调来的，资助了十八次挖掘工作，包括在克里岛的许多次挖掘，克里岛长期以来一直被认为是欧洲第一个文明出现的潜在家园。

受过训练的动物学家恩斯特·沙弗尔被派到波兰的比斯库平负责发掘工作。比斯库平是一座著名的塞尔德曼大教堂，这个要塞可以追溯到铁器时代。比斯库平的

壮举是在人造岛屿上修建了一处复杂的防御工事。这种早期的技术水平使圣遗物组织相信在此处定居的人一定是"雅利安人"。

这座堡垒隐藏在湖边的沼泽地里，由 19 英尺（6 米）高、1500 英尺（450 米）周长的木墙和土墙保护着。这种堡垒用平行的原木墙建成，用充满黏土的十字扣件连接起来。一整带冷杉和橡树形成 45 度夹角延伸入洞底。它的作用相当于一个防浪堤，也相当于一艘冬天的破冰船，当然也为堡垒提供了极好的一级防御系统。

洛斯达姆墓地的古代遗址，位于波斯波利斯遗址附近，展示了沙普尔一世与罗马皇帝瓦莱里安以及阿拉伯国王菲利普之间战争的胜利。

　　一般观点认为欧洲在铁器时代是荒凉而且混乱无章的，但是比斯库平表现出不同的见解：这里有单独的街道、公共场所、储藏室和超过100所房子，也有包括岗楼的木制长堤，这些长堤把这里和大陆连接。这就难怪纳粹分子想要大力宣扬这里的先进。他们用先进的树木年代学对比斯库平进行了年代测定，得出这里是在公元前738—前737年的冬天建造的。

　　在德国当地，阿西恩·伯默斯急于从旧石器时代的遗留物中挖掘出一些证据，这一时期是智人、毛茸茸的猛犸象以及剑齿虎共同生活的冻土时期。

　　另外一种非常特别的理论由沃尔特·沃斯特提出，他确信古波斯战士实际上就是雅利安人，但是在与异族通婚的过程中，这种血统被分散了。沃斯特提议去伊朗进行探险，对波斯波利斯附近的圣山上壮丽的洛斯达姆遗址进行考察。这里有块碑文写着阿契美尼德皇帝大流一世就是一位雅利安人。

　　当希姆勒的科学家、探险家以及民间历史学家让意识形态凌驾于他们的完整理智之上时，德国考古学家到了更遥远的地方去掠夺博物馆以及进行非法挖掘活动。当纳粹分子占领希腊时，这些军队把通往卫城的道路当成了公共厕所。防空炮就被安置在帕特农神庙内，具有讽刺意味的是，帕特农神庙本身就是一场毁灭性战争的纪念碑。

湖边堡垒

　　在波兰比斯库平的考古发掘所呈现的时间很好地概括了第二次世界大战后考古学的巨大变化。在被废弃之后，这座岛屿逐渐被湖水重新掩盖，厌氧的沼泽地令人难以置信地保留了这处木头城市。

　　在遗址以及湖中的堡垒被发现之前，人们都认为当地史前的卢萨斯文化完全是昙花一现。在一个世纪的研究中，比斯库平的考古学家在这里了解到大量的史前史。在面对

水在铁器时代波兰比斯库平遗址的保存中发挥了重要作用。今天，你在这里看到的所有建筑物是从 20 世纪下半叶开始重建的。

这一巨大挑战时，他们做出许多决定，重新定义了 20 世纪的考古学家。

1933 年，这项工作开始启动。与以往不同的是，这队人马由多学科人员组成，挖掘工作从大学的中心开始，由波兰波兹南大学的一位考古学家约瑟夫·科斯特罗夫斯基领导。

比斯库平挖掘面临着许多考古学挑战，里面包含了在许多危险地方以及常年寒冷地方的挖掘工作，这是一场与时间和腐朽赛跑的考古研究。当地潮湿的环境也意味着在干燥地区使用的方法在这里并不适用；新的野外技术需要被创造——就是现在用于其他潮湿地区的技术。

开始时，没有人意识到这些古老的进了水的木头在接触到空气后会以怎样快的速度产生衰变。大量的实验在这里完成，包括把这些进水的木头用盐和酚醛树脂包起来。1974 年，大规模的挖掘工作被叫停，剩余的建筑被包起来埋入地下或者重新放回水里，直到今天。

作为一名大学老师，科斯特罗夫斯基教授可以指派不同领域的不同专家参与这项工作，这为考古学开辟了一条连接其他学科的开放道路，例如将社会学和社会生态学联系在一起。比斯库平超长的跨学科研究涉及古代动物学者、水文学者、植物学者、地质学者、建筑师、孢粉学家、保护专家以及机械师，还有一些波兰海军专家。这一传统还在继续。最近，卡尔罗维奇·欣基维奇博士进行了一场跨越多学科的研究，主题就是铁器时代的人是如何世世代代地影响当地环境的。

比斯库平还以"经验考古学"先驱而闻名。在遗址现场的棚屋里，专家们还原了铁器时代的技术，以研究数千年前人们是如何烧制陶器、烤面包和锻造青铜的。他们同样成为铁器时代畜牧业的实验性先驱：这里有欧洲野马、红色波兰牛、石南羊和长角牛。

也许最重要的是，比斯库平被用来训练新一代考古学家，包括全体考古学家。齐兹西奥·拉耶夫斯基在第二次世界大战战后被挖掘的遗址上建立了考古学训练营地——在1951年成立。这项教育计划还提高了公众对史前史的认知，如今比斯库平每年都会举办考古节。

考古学在很大程度上受到政治环境的影响，战争就是其中一个极端因素。当纳粹被迫撤退时，他们破坏了在遗址周围的防护堤坝，让水淹没了这一地区，妄图破坏这里。讽刺的是，这种破坏文物的行为在一定程度上保护了古代木材。

在比斯库平，有机会让过去重现，也许可以找到一种共存的方法，尽管意味着占领和灾难。这一项目的负责人参与到广泛的重建中。这在其他国家中有争议，但这是帮助公众接触历史的有利方式。

对比斯库平的挖掘拥有更重大的意义，然而，对任何意识到这里已经被占领的人来说，这意味着考古学可以通过一些阴险的方式为国家服务。一方面，在俄罗斯，考古学家被抨击为资本家，因为在革命之前，考古学还只是沙皇能够涉猎的领域。作为"对物品的盲目崇拜"，古物研究同样是被禁止的。另一方面，比斯库平没有高耸的围墙以及国王般的财富。在1945—1989年，比斯库平摆脱了世人的谴责，因为它体现了平等的精神，它成为人类的无阶级家园。

纳粹只是极端例子，在解释考古学中，这里依然有来自同时期文化偏见的风险。民族主义问题可能比其他问题更多，成为战后考古学家首先关心的事情，激发了许多智者的忧虑。考古学记录意味着：一种档案，一种过去历史的物证。政治家和考古学家之间的任何一种联系都可能歪曲事实——无论得到的结果是什么。

挖掘之外的考古学

就像人类历史那样，考古学从来没有安静过。随着时

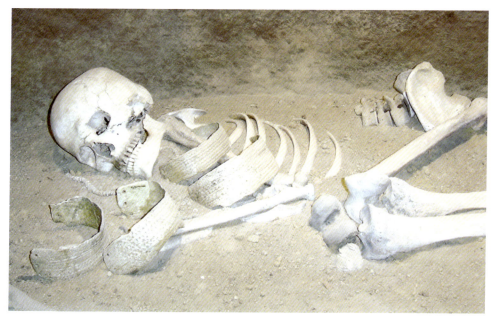

左图
比斯库平长屋出土的一名35岁妇女的遗骸，目前存放在博物馆。

间的推移，这个宏伟的研究领域帮助我们更加清楚地了解了人类的发展历程。从业余爱好者那里发展至今，它开始对自己进行重塑。

技术是当今最重要的爆发点。幸运的是，面对重新解释证据的挑战，没有比这个更开放、更适合的学科。就像印第安纳·琼斯在电影《夺宝奇兵》里讲述的那样："70%的考古学家在图书馆工作。我们不会跟着地图到达藏宝地点，也从来没有标出地点。"

然而，具有讽刺意味的是，复杂的挖掘技术和3D探测工具并不总是好东西，至少在错误的人的手里是这样的。2015年，中国东北地区的警察抓获了175名盗墓者，他们在辽宁省对一处新石器时代遗址进行盗挖。他们使得价值5亿元的1 168件文物面世。令人惊讶的是，在这个激光雷达传感器和全球定位系统广泛应用的时代，仍然会发现拥有如此丰富财富的考古遗址。

对于中国第一任皇帝，秦始皇墓的发现也是令人非常震惊的，尽管他的"战士"墓已经被挖掘出来（见70—73页），但他的陵墓目前还未被挖掘。尽管如此，这一多国挖掘证明了当今专业考古学家的技术成就。这与18世纪初和19世纪初在埃及的那些肆无忌惮的冒险家创造的浪漫而混乱的考古环境不同，现在是一个全新的考古世界。

左图

铁器时代的主要遗址：在波兰发现的纳粹党人曾经试图占领的比斯库平。

不朽的军队

1974年，一群中国果农揭开了震惊世界的发现。在陕西省西安市附近的骊山边上，这里正经历着严重的干旱。杨全义和他的五个农民朋友为了得到水源，决定在他们的柿子树下打一眼井。全义回忆道："突然间，我碰到了石头人的脖子，我告诉我的朋友们：这里有一座隐藏的庙宇。"他几乎猜对了。

上图

兵马俑的规模，一般人都知道，这几乎是不可能运输的。一列列栩栩如生的雕像出现在目之所及之处，这还只是挖掘出来的一小部分。

从井里看去，里面的景象眼花缭乱：地底下站立着2200年前的真人般大小的彩绘陶俑士兵。这么大规模的兵马俑也是考古学历史上最令人惊讶的发现。然而，这只是这位中国第一任皇帝秦始皇建造的陵墓中的很小一部分。

历史记录中对这个俑坑没有任何记载：没有图画作品，没有故事，甚至没有任何当地的神话故事。发现这里的农民简直惊呆了。然而，这个由征服者和战争领袖建造的复杂建筑群覆盖了35平方英里（90.6平方公里）的面积，据说，他以自己的名字命名了我们今天所知道的这个国家（秦的发音就是"CHIN"）。

当年轻的秦公在公元前246年登上王座时，他管辖着一个小小的、没有什么力量的国家，在这个国家周围还包围着一圈敌对国家。公元前221年，他不仅战胜了离他最近的最强大的国家楚国，同时还战胜了中国战国时期的其他国家。

秦始皇的雄心壮志超出了凡人的范围。他相信自己可以逃脱死亡，他创造了一个地下宫殿和复杂的堡垒。他的地下世界绵延在一片美丽的地方，也许是他享受的现实世界的理想化以及加强版本。据传，在他对来世的众多愿景中，有两辆用金银点缀的半身马车，每辆由四匹健硕的陶马拉着，还有一队音乐家和杂技演员表演。

无情而至高无上的皇帝：秦始皇。

秦始皇甚至有装着轮子的战车在身边伺候。

凹坑

被发现的泥塑被埋在三个坑里，离墓地东边不到1英里（1.5公里）。有一些陶俑的样子是按照真正的士兵的样子烧制的，这些人就是在他在位的37年里追随他南征北战的士兵。这些陶俑的制作者力求真实。坑里成千上万个陶俑、车辆、动物以及其他设备上表现出来的细节是令人惊讶的，也给予人们一个独特的视角去观察这个两千多年前的帝国。

迄今为止，已经有超过1100个陶俑在一号坑里被修复，但是研究发现，这里还有6000个士兵被埋在地下，还有2000多个被埋在二号坑和三号坑。这些士兵装备着特制的长矛、戟和剑，即使在今天，它们仍然呈现出令人震惊和敬畏的景象。它们的弩表现出的能量和精准度可以和2000年以后的欧洲的弩产品相媲美，沈茂盛作为考古学家团队队长，他计划制作出精准的模型，用来帮助更为精确地计算出这些武器的射程。

新的研究利用新的技术来建造武器模型并且用来研究这些武器真正的效用。用于制作牙科模具的基底被应用于金属表面，高度详细的细节呈现在电子显微镜的扫描之下。利用这种方法，文物没有遭受到任何破坏。

这些武士以秦军阵形排列，弓箭手在前锋和侧翼，保护着核心内部的重型步兵和战车。研究人员正在使用一种前沿技术X射线荧光光谱法，以找出弩箭螺栓是由什么制成的。

X 射线荧光光谱法通常能够对从钠到铀的元素进行分析，从而革新了考古学家的工作方法。

坑里除了战士，还包括陶土制的书记员、学者、杂技演员、音乐家和举重运动员。在原本打算作为花园的地方挖掘出数十只雕刻的水禽和鸟类。到处都出现了在秦朝日常生活中处于重要位置的矮棕马。

大部分地区还没有被挖掘，考古学家敏锐地感觉到随后的发掘工作可能会改变他们对已经发现的事实的看法，以及他们对整个秦文明的看法。

左图
每位战士都是不同的，现代的比较数字研究发现连耳朵也不同。

下图
在现场工作室中，当地人已经成为世界上最令人敬佩的拼图游戏专家：他们把战士一块块拼起来，把陶片一块块拼起来。

在黎巴嫩的贝鲁特发现的罗马澡堂遗址。

今天的考古学

当今，考古学成为一门复杂的学科，包括了多学科专家组成的团队。但是所有的考古学家最初的目的都是一样的：他们需要找到一个地方去研究。

发现于叙利亚的布拉克丘遗址，是由英国考古学家马克斯·马洛文挖掘的。

利用金属探测器探测赫胥黎宝藏。

发现遗址

20世纪30年代，当侦探小说家阿加莎·克里斯蒂和考古学家马克斯·马洛文结婚时，她描述道，她在叙利亚经过许多有"玄机"的地方，正在尝试发现最好的地方来挖掘。

如今，考古学家可以用许多技术——从金属探测器到卫星图像——帮助他们明确一个可能的遗址挖掘地。

技术发展

技术让考古学得到飞速发展。这门学科现在介于自然科学、历史研究和社会科学之间。考古学家仍然非常喜欢使用铲子，但他们也在接受新的技术，包括：

1.X 射线荧光光谱法（XFS）

这项技术首创于机械工业，这个手持设备可以对大部分材质进行详细的化学分析，包括金属、玻璃和陶器。

2. 探地雷达（GPR）

探地雷达的工作原理是将微小的能量脉冲传输到一种材料中，并记录反射信号返回的强度和所花费的时间。在单一区域上的一系列脉冲构成扫描图形。

一个考古点的发现

确定考古潜在挖掘地点的方法有很多种。

它们包括：

▶ 农民在犁地时经常有新发现
▶ 建筑工人打地基或挖隧道时
▶ 记录过去人们生活的文件或历史遗迹
▶ 航空或卫星探测
▶ 地方志

3. 电磁感应（EM）

在电磁感应的最简单模式中，当磁场遭遇导电材料时测量在发射线圈和接收线圈中存在的阻抗改变。例如，一件铜制品在地下。接收器感知材料的类型和结构，通过测量感应第二磁场来识别这一材料。

4. 分子频率鉴别器（MFD）

所有元素都有一个独特的"分子谐振频率"。例如，金子，在5千赫上产生共鸣，银在8.7千赫上产生共鸣。分子频率鉴别器的微小信号发射装置可以生成靶向物质的共同频率。

5. 软件和摄像

和英国伦敦大学学院共同工作的中国研究者发现了一种为物品生成3D图片的便宜方式，利用这种方法，可以绘制兵马俑中著名的中国士兵的3D头像——通过对每位武士使用多重摄像技术，以及"稀疏点云"软件程序，研究者可以获得独特的细节。

6. 空间遥感技术

近红外卫星影像从太空对地面进行扫描，反射人类肉眼看不见的电磁波谱的一部分。表面密度无法觉察的改变会被着色——通过特定的软件破译。这一技术可以揭示在环境中长期隐藏的模式和形状，从而为考古学家指明确切的挖掘地点。

7. 机械激光雷达（光探测与测距）

机械激光雷达使用空间激光以测量扫描设备和地面之间的确切距离。多重激光脉冲可以生成地面上高清晰度的数字模型，它能够探测到地面高度变化不超过几厘米的差异，揭示几个世纪以来未被发现的地点。

8. 加速器质谱法（AMS）

加速器质谱法放射性碳定年法帮助考古学家获得从样品中得到的年代，这比标准放射性碳定年法获得的时间更精确。用加速器质谱法可以对所有碳-14元素进行测定，而不是对那些在标准程序下发现腐朽的元素进行测定，虽然，目前这种测定方式花费昂贵，但它是一种更为精确的测定方法。

加速器质谱法同样用来测定同位素。20世纪80年代末期，考古学家道格拉斯·普赖斯和地球化学家吉姆·伯顿发明了一种测定人体骨骼中锶同位素的比率的新技术。它类似于测定身体内局部地质的化学特征。

探地雷达是考古学家使用的许多新技术中的一项，可以帮助他们发现新的遗址。

2016年，在悉尼的一个展览会上，透过石棺对古代埃及木乃伊进行的CT扫描图像。

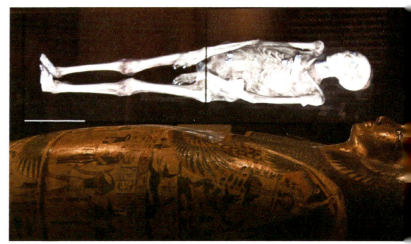

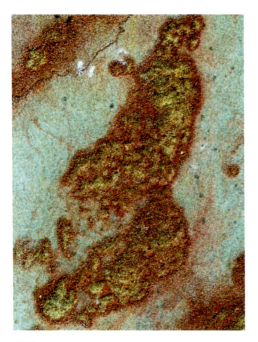

美国宇航局用近红外卫星影像技术确定了新的玛雅考古遗址。

在密西西比河沿岸，激光雷达用来揭露点缀在当地雕像堆后面的秘密。

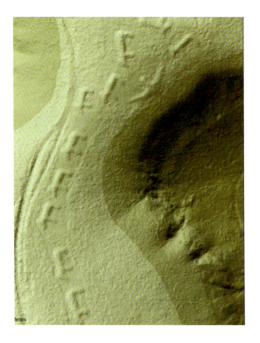

9. 双能（计算机断层）CT 扫描 /X 射线可视化

一个 CT 断层扫描机是一个特别的 X 射线机器，可以得到人的身体的一系列详细的影像。其中，双能 CT 方法可以帮助专家测定人吃了什么、患了什么病，以及他们的遭遇。

在泥里挖掘

考古学遗址很难被解读，除非结合以下两点破解：知识以及想象力。在未经训练的人看来像一堆石头的地方，实际上可能就是罗马建筑物的整个给排水系统。一旦你发现了一些东西，你该如何确定呢？

我们不想给予泥土第二次思考，但是连同水和氧气，这些使得地球和其他行星不同。直到 4.5 亿年前，泥土还没有露出真容——尽管当时地球的年龄已有 454 亿年。

考古学家传承着与泥土的亲密接触。对那些了解情况的人来说，土壤就像一幅可见的时间地图。像千层面一样，分为一层一层的，一层覆盖在另一层之上。这有两个方面：一个是层理，一个是叠加的地质规律。斯坦诺定律认为，最古老的地层是那些离地球中心最近的层。

层理：自然过程形成了土壤的分层——例如，河流侵蚀河岸，然后留下一层淤泥。但是，令人惊讶的是，即使没有河流的作用，在一处荒凉的地方也可以聚积如此多的物质。上面的建筑腐朽，崩溃然后逐渐归于大地，水、风和重力作用，把土壤混合物从高处或暴露的地方搬移到更隐蔽的地方，这些混合物包括了叶子和植物腐泥，整个过程会周而复始。

有时，地质层会发生混乱。侵蚀、打洞，或者是打桩进入土壤，会使地质变得更难以琢磨，因为这些搞混了原始的、自然的层次。然而，对于考古学家来说，这些入侵是重要的，因为这些一般是人类的行为。

地层学创造了一个背景、一个时间和空间的框架，这对考古学家来说就是一切。一旦一个陶器的碎片或者是珠宝的一部分露出地面，它的背景就消失了。考古学家的目的在于确定和记录在文物和背景之间的信息网，这样可以让他们重建事物链。换句话说，不仅要记录发生了什么，还要记录如何以及怎样发生的。

在超过 250 年的时间里，考古学家一直在记录和确定文物的年代，他们为诸如陶器和石制工具的物品创造了复杂的"类型学"，这些物品在几个世纪里在设计上有所改变，从而确定其所属年代。这也是所谓的"相对年龄"测定法。

因此，该如何记录所有的信息呢？有一种利用可视横截面来记录遗

址的地层的通用系统，这一系统被称为哈里斯矩阵。20世纪70年代，爱德华·哈里斯博士在英国温彻斯特大规模城市工地工作时提出了这一方法。他希望清楚地记录物品，以一种将来在挖掘时能看懂的方式记录。目前，原始的层次和发现物品的位置以及样品也一起用于地理信息系统项目的测定、数字化和注册，还进行了3D描绘，但是依然在使用这一基本的概念化的技术。

人文因素："自然因素"和"人文因素"创造土壤层次，就像你所期待的那样，城镇和城市有其自身的复杂性，被称为人类活动。这些因素增加了累积层，这幅图可能会非常混乱。

人们烧毁、遗弃或者拆毁他们祖先的古老建筑，这让考古学图像更加复杂。他们在废墟上建城立业，使城市遗址比农村遗址更复杂。

垃圾，或者是任何一种人类不再使用的东西，最终通过蚯蚓的活动、水以及微生物活动转变成富含碳的土壤。当地质、生物残留和考古学的房屋街道遗迹以及诸如壶碎片、古老的黏土管道等人工制品相混合时，它们就会开始分解。此外，城市越老，现代地面可能越高。

在过去的100年里，世界人口呈井喷式增长。今天，仅仅通过采矿活动，智人活动留下的沉积物比世界上所有河流的总和还要多。人们想知道的是，将来，考古学家会面对什么样的地层。

上图

苏塞克斯的鹅山营地发现的考古学地层。

左图和下图

英国考古学家爱德华·哈里斯（图中最左），于20世纪70年代在考古点上发明了哈里斯矩阵，即一种绘制地层序列的方法。挖掘的四个部分都被记录并绘制下来，并在图表的中心组成单一的序列，这代表了该遗址在相对时间内的演变。

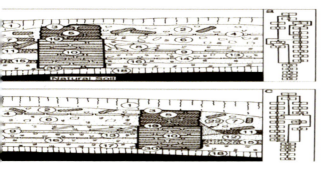
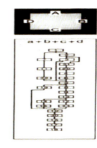
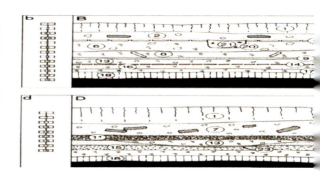

左图
这些维多利亚时代的管道发现于比古老的人工制品更为靠上的地层中。

法医证据

很容易理解为什么"法医"考古学会成为一个专业的领域。先进的、非入侵性的技术使得考古学大有发展，在研究巨大区域时节约了时间、金钱以及大量的精力。

21世纪，先进的蓝牙技术在土地研究中发展起来，可以绘制平面直角坐标，记录距离，也可以计算高山的角度。然而，这些获得的数据可以输入笔记本电脑里的3D地图系统。

骨骼分析

要专门从事骨骼分析工作，你需要接受骨骼学或骨骼解剖学和生物学方面的高级培训。骨骼残骸在理解非常遥远的过去时是非常重要的东西：我们的人类起源。骨骼残骸给予理解一个个体独特的视角。它们可以告诉我们人类当时生活的社会，他们的阶层、宗教、饮食及疾病。根据年龄测定，人类的身体中有206～270块骨骼，在任何

上图
骨骼分析可以获得当事人的年龄、健康、饮食、宗教信仰甚至是社会地位等信息。

如何保存人类骨骼？

对于尸体保存来说，最大的敌人就是水、空气和变化的温度。沙子可以在干燥的情况下把骨骼保存完好，但是盐分和白垩会造成破坏。酸性环境会破坏骨骼中的矿物成分。一个比较好的例子就是在英国东部（165页）的萨顿胡埋葬了一名知名的盎格鲁－撒克逊人，这里沙土的pH值一般是3～4。这里曾经埋葬过一个伟大的国王，在地下，除了一个绿色的污点什么也没留下。对于人体骨骼保存最好的环境是那些处于极端气候中的地点。在高大而干燥的山上，可以冷冻保存人类遗体。智利高大的安第斯山区、位于干旱地区的埃及、苏丹以及中国的西北部都可以保存近乎完美的木乃伊。在古老的埃及，制作木乃伊的实践是为了保护亡者，也极大地扩展了研究的样本。

上图

在柴郡的威尔姆斯洛附近的泥炭沼泽里，发现了一具保存完好的林道人遗体。

一次挖掘中，这些骨骼都会被记录、检查及收藏。考古学家不仅要鉴定他们看到的东西，还要记录所有的一切。

特别是一些潮湿、干旱或者是冰冻的环境，甚至可以阻止软组织恶化。在死亡之后，人的躯体迅速进入深低温环境中，就可以完好地保留下来，最著名的例子就是那个生活在公元前 3300 年的"冰人奥茨"。

读取骨骼信息

你从哪里开始？——许多人类遗骸，比如肯纳威克人（见 171 页），是在无意中被发现的。考古学家经常会在一座建筑动工之前被叫去，以保护那里无意中的发现。这一过程经常被称为"营救"或"抢救性"考古挖掘。考古学家是如何鉴定他们看到的东西呢？

年龄： 最基本的问题就是，我们发现的是一个儿童还是成年人？身体尺寸、手腕的尺寸显然能够确定是不是孩子。为了留出生长的空间，孩子的一部分头盖骨是开放的。头盖骨闭合得越好、越光滑，死者的年龄越大。从 13 岁开始，不同部位的骨骼会在不同的年龄发生闭合。一个复杂的情况是营养不良会延误这一过程。

估测成年人的骨骼年龄更为困难，因为所有的骨骼都闭合了。考古学家常用一套科学公式根据腿骨和胳膊的长度来推断身高。

12 岁以后，身高就不是区别儿童和成人的有价值的信息。牙齿的发育情况成为一个最好的年龄指征。第一颗永久性的磨牙在 6 岁时长出，第二颗在 12 岁时长出，第三颗在 18 ~ 21 岁长出。

牙齿的磨损程度是另外一个年龄指征，但是由于不同的饮食会引发不同的情况。有时，最好的办法是将骨骼划分为简单的年龄类别——年轻、中年或老年。

性别： 尽管成年人的性别比儿童的好确定，但是人类的变数很大。即使是依据手的大小，也无法清晰地分辨出是小男人还是大女人。

区分男人和女人最明显的生物学特征在骨盆的尺寸上。男性骨盆拥有着窄而深的坐骨切迹，长并且狭窄；女性的骨盆比较宽，并且呈碗状。

另外一个好的指征是头盖骨。女性的眉骨比较细小，两性之间的眼眶也有微小的差别。

身高： 考古学靠的是分析方法，是利用记录的细节和测量的数据逐步进行数据创建的过程。这种模式往往会有意想不到的结果。通过多年的研究发现，在罗马时期的英国，一个成年男性的平均身高是 5 ~ 7 英尺（1.65 米左右），而在罗马帝国的其他地方，男性的身高要高于这个数值。2005 年，这一发现显得尤为重要，考古学家在约克郡以外发现了一处角斗士的坟墓。第一个细节就是这些角斗士的骨骼都非常长。

疾病： 旧疾、创伤以及先天性疾病都能反映在骨骼上。包括历史文献、医疗器具以及艺术形式等记录都能告诉我们这个生病的人遭受了什么。只有为数不多的传染病会影响骨骼。一些严重的疾病，例如黑死病和天花会很快致死或者很快被治愈，所以没有时间影响骨骼，麻疹、瘟疫、流感，或者是肺结核也是这样。

能影响骨骼的疾病因素常常是一些先天性疾病，包括骨关节炎、骨质疏松以及和衰老有关的一般性改变。

营养： 放射线扫描、CT 扫描、显微镜分析以及 DNA

考古学家在清理一具中世纪骸骨。

分析都可以揭示饮食和健康方面的信息。缺铁性贫血、维生素 D 缺乏以及伴随坏血症而来的大出血都会表现在骨骼上。

牙齿：通过牙齿，考古学家给予我们一个长期的人类健康图景。曾经有一段时间，博物馆馆长小心翼翼地清理他们的展品。不过，感谢那些牙结石，或者是有非常矿物质的牙菌斑，我们能够认识到尼安德特人并不像之前假定的那样，是完全的食肉人类。他们吃混合食物，甚至吃一些植物来缓解疼痛。

血液循环问题：如果一个部位骨骼的血液循环不畅，这个部位的骨组织可能会坏死并被重新吸收。剥脱性软骨炎是这一类比较常见的疾病，往往与身体创伤有关。

碳测定年代

碳元素存在于任何一个地方：在大气、大地以及海洋中。放射性碳定年法的发明改变了我们观察海洋、岩石和土壤的方式，这也给予我们观察人类历史全新的视角。

测定考古发现的所属年代有两种主要方法。"相对"年代测定意味着用综合方式进行测定：研究工具的类型或者是陶器种类，与同一种文化中发现的相似物品进行比较，这被称为排列方法。另一种方法被称为"绝对"年代测定法。这可能有些用词不当，就连高科技技术也不完全是"绝对"的，只是确定出更合理的近似值。

这里有一些"绝对年代测定"技术，但是放射性碳定年法引发了一场革命。从埃及的木乃伊到史前的罂粟花的任何东西，用这种测定年代方法都可以测定出其年代。它的发明者是美国化学家威拉得·利比，因为这项发明获得了诺贝尔化学奖，及时地帮助人们确定了世界上最有争议的一些文物：死海古卷（见233页）。

碳 –14/ 放射性碳

碳 –14 是我们每个人身体内的生物钟，又称为放射性碳。它产生于上层大气，通过诸如人的呼吸、饮用那些依赖碳生长的植物进入我们的身体。

碳有三类同位素：碳 –12、碳 –13 和碳 –14。和碳 –12 和碳 –13 不同，放射性同位素碳 –14 是非常不稳定的。当一个生物去世时，碳–14 会开始衰减。它衰减的速度是可以被测算的，也可以和其他碳元素的衰减水平对比。这个速度为任何一种只有一次生命的生物建立了一个年代表。它常见的范围上至 30 000 年，但是在精密（且昂贵）的仪器的测定下，可能会把这个上限延长，或许会达到 70 000 年。

利比最初校准他的时间表，是利用那些诸如埃及木乃伊和庞贝面包等已知所属年代的物体来进行的。今天，这是根据已知的树木年轮的年代来测量的。一般来说，碳测定年代会晚于日历年代：20 000- 碳测定年代粗略等于 24 000 日历年代。

新的年代测定技术改变了我们接近考古学的方式。这一技术的存在让我们对人类史前进行了更为广阔的研究。利用先进的 DNA 技术，我们现在可以重写地球上整个人类生活图景。

年代确定的困难

受宇宙辐射以及地球因素的影响，大气中碳 –14 的数量是波动的。地球因素包括火山喷发以及突然间的污染物溢出，这些事件都会向空气中喷出碳元素。20 世纪 50 年代到 60 年代的原子实验极大地影响了大气中的碳 –14 水平。在早期的放射性碳定年法中，这是一个问题。从那以后，为了建立一个国际公认的、历史上的"校准"曲线，将不断变化的碳水平考虑在内，人们进行了大量的工作。

可以利用碳测定的范围

放射性碳定年法只能用来测定有机材料，并且只能在它们没有被矿化的情况下才能使用。石制品和金属制品都不能被测定。因此，它能用来做什么呢？

▶ 测定植物、种子、孢子和花粉
▶ 泥炭、泥和土壤
▶ 骨头、头发和血液
▶ 纸和羊皮纸
▶ 皮革或者是毛皮
▶ 贝壳、珊瑚或者是几丁质
▶ 壁画（用来作画的材质）
▶ 木头或者是木炭

上图
用树的年轮来校正利用放射性碳定年法获得的时间。

人 类 的 起 源

19世纪，许多人都相信地球有6000多年的历史，这是因为《圣经》的"创世纪"章节中，有许多关于这方面的描述。考古学就是要验证这些假说。1856年，在德国平静的尼安德河谷，采掘石灰石的工人挖出一些类似熊和陌生生物的巨大的骨头，是人类的头盖骨。当地学校的一位老师约翰·卡尔·福尔罗特，把这些大骨头从废石堆里抢救了出来。这些头盖骨有着宽宽的眉骨以及深深的眼窝。

敏锐的自然科学爱好者福尔罗特转而求助波恩大学的解剖学专家郝尔曼·沙夫豪森。他确信这些头盖骨来源于一些"野蛮而粗暴"的人类种族。很快，在欧洲各地发现了类似的骨头。

发现的尼安德特人并不是人类，只是类人猿，因为有一个关键的证据显示了这一人种在现代人和猿猴之间的进化联系。现代人毕竟不是独一无二的，只是早期人类的一种。在接下来的几年里，更多关于人类祖先的证据被逐一发现。

左图
尼安德特人的头盖骨，距今30 000—50 000年。

上图
约翰·卡尔·福尔罗特确认了尼安德特人。

人类的祖先

露西和纳亚

　　1974 年，美国考古学家唐纳德·约翰逊在埃塞俄比亚发现了"露西"的骨骼，她是生活在距今 320 万年前的南方古猿阿法种，这是一种从人猿到人类过渡的先驱。

　　当进化成现代人类后，他们便逐步在地球上开始繁衍生息。从他们在非洲的起源地开始，他们首先到达南亚和欧洲，然后再从这些地方到达澳大利亚、波利尼西亚以及美洲。这其中有两支迁移的队伍，第一支在 130 000—115 000 年前穿过北非，第二支在 77 000—69 000 年前沿着南亚海岸线移动。

　　"纳亚"，这个名字来源于神话故事中的水中仙女，是在美洲发现的一具最古老、最完整的人类骨骼。它的发现完全是偶然。它是在墨西哥的尤卡坦半岛上水下 140 英尺（42.6 米）的巨大洞穴中被发现的。在《国家地理》杂志经费的支持下，墨西哥潜水员阿尔贝托·纳瓦·亚历杭德罗·亚历山卓和弗朗哥·阿托利尼潜入他们称为霍约黑人——"黑洞"的一个巨大的水中裂缝。在那里，他们看到一具死于 13 000 年前的十几岁的小姑娘的遗骸，那具遗骸躺在一块小小的岩石上。

　　纳亚的遗骸保存得非常完整。更为令人震惊的是，从她的牙齿里依然能提取出 DNA 片段，这可以让专家通过研究她的骨骼而重塑出她的面部特征。当她的 DNA 被墨西哥的人类学与历史国家研究所研究时，这为学术界一个大的争议提供了一个新的线索：谁是第一批到达美洲的人，他们是如何到达西半球的？她的 DNA 与现代美洲印第安人有着清晰的联系，这从理论上强化了白令陆桥存在的说法（见170 页）。

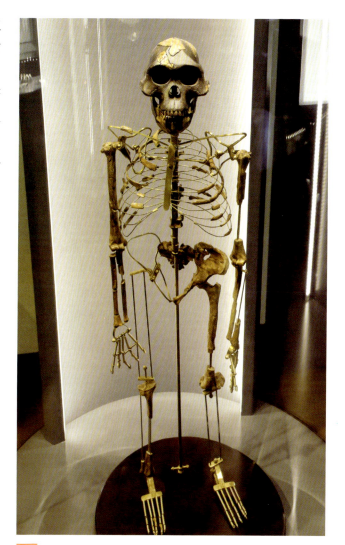

上图

露西（南方古猿）的骨骼目前陈列在维也纳自然史博物馆中。

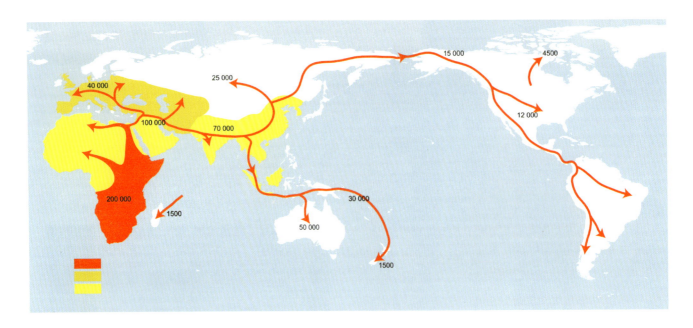

石器时代文化

18 世纪，学者们开始关注人类活动的证据——斧子、锤子、燧石、箭头等石制工具——它们深埋于地下。它们被发现的那一刻，是地层学发展的关键节点。

在东非，古生物学家发现了许多精制的人类工具，这些工具出现在智人生活的年代之前。其他人种也可以制造工具。1929 年，肯尼亚的路易斯·利基在坦桑尼亚奥杜威峡谷研究化石的过程中，无意发现了之前从未被发现的最早的人类工具。在这处遗址发掘出超过 2 000 种石制工具，包括手斧、刮刀以及缝锥。他就和妻子玛丽一起，开

上图
超过数千人甚至是数十万人的非洲智人经年累月地向世界各地迁移。

左下图
一个潜水员正在认真地刷洗纳亚的头盖骨。

右下图
在奥杜威峡谷发现的距今一百万年的手斧，目前存放于大英博物馆。

约翰·弗里尔的"战争武器"

　　1797 年，英国古文物研究者约翰·弗里尔在萨福克一个地下黏土坑中挖掘发现了古代工具。他确信这些东西是一种武器，但是这些武器在沙地之下，嵌入 12 英尺（约 4 米）之深的原状土层中。这片砂层中同样拥有贝类和其他微量的海洋生物遗骸。这些战争武器，一定是由人类制造的，然而它们是如何来到海洋下方的地层中的呢？约翰·弗里尔的战争武器在后来被确认是阿舍利时期的手斧，因此它被命名为圣阿舍利，这是依据它的同类在法国最初被发现的地方而命名的。

上图
弗里尔在萨福克的霍客森发现的手斧。

左图
路易斯和玛丽·利基，全神贯注地研究头骨化石。

始研究那个难以想象的古代世界。

　　这些发现可以追溯到 180 万年以前——这早于现代人类出现之前。索尼亚·哈曼德和杰森·路易斯在 2011 年的进一步研究发现了更为古老的工具。他们在肯尼亚的洛迈奎发现了可以追溯到 330 万年前的 20 个人造工具；这是关于人类社会的第一个主要证据。

　　在上面的旧石器时代，大约在 40 000 年之前发生了一场革命。那些过去的粗糙的工具被那些更为

石器时代

旧石器时代	中石器时代	新石器时代
公元前 260 万—前 10000 年	在黎凡特是指公元前 20000—前 9500 年 在欧洲是指公元前 9660—前 500 年	公元前 10000—前 4500 年

拉斯科洞穴

　　在法国西南部的蒙提涅克村，当地的一个十几岁的小男孩马塞尔·拉维达特和他的三个朋友，仅仅在一盏灯的帮助下冒险进入一个深不见底的洞穴去寻找宝藏。他们发现了一些完全不同的宝藏——史前壁画。壁画是用赭石以及其他矿物颜料制成的，上面刻画了动物和人类的样子。1950年，拉斯科用碳－14标记的方法测定出这些壁画绘制于17 000年之前。这里不只是壁画让专家着迷：这里的墙上还有1500个标记和小洞，意味着史前人类已经可以在脚手架的帮助下来完成这些壁画。年复一年的参观者威胁到拉斯科壁画以及在法国南部的阿尔岱山的肖维岩洞发现的更早的洞穴艺术品（1994年由洞穴探险者发现）。因此，现在的游客只允许在附近修建的新访客中心那里观看记录着50 000年前令人痴迷的洞穴生活的文物复制品。

上图

拉斯科洞穴的巨细胞化石，是史前生命的丰富信息来源。

帕维兰红色妇女

　　南威尔士的帕维兰洞穴地处荒凉，只有在退潮时才能进去，并且需要翻越陡峭的山坡。35 000 年前，一队依靠狩猎为生的原始人拖着一个人的身躯爬上陡坡到达这个大自然馈赠的地方，那个时候海平面非常低，这个洞口面朝着 70 英里（115 公里）宽的、挤满了野生动物的平原。当他们把他放倒后，这队人将红色的赭石涂抹在他的身上，在他的身上装饰绘制过的贝壳，在他的身边放置一圈象牙，这意味着他是一个比较重要的人物。这具遗骸在 1823 年首次被威廉·布克兰教士发现。这是牛津大学一位性格古怪的地质学教授，他明确指出这是一具妇女的骸骨——是古罗马的一位巫师或妓女的骨骼。现在我们知道，这实际上是一具男人的骨骼，发现的地址曾经是欧洲一处最古老的埋葬场所。

复杂的工具、社会结构以及文化习惯所取代。为了更容易地捕获猎物，人类发明了弓箭和长矛。艺术、仪式和宗教开始产生。人们在法国的拉斯科洞穴、考斯科洞穴、肖维岩洞发现了距今 17 000—30 000 年的艺术品。

　　发现的史前骨骼不仅在非洲颠覆了人类的发展史。帕维兰的红色骸骨也许提示了依靠狩猎为生的人类祖先复杂的丧葬习俗，但是在西班牙昔马的一个大坑里却发现了有

顶端上图

南威尔士高尔半岛的帕维兰洞穴（也被人称为山羊之洞），就是红色赭石染色的骨骼发现的地方。

上图

维多利亚时代的学者威廉·布克兰。

些人类在死后是被集体埋葬的。这些欧洲最早的原住民生活在 60 万—120 万年之前。

出现在古埃及丹德拉神庙的象形符号。

文 明 的 摇 篮

新月沃土

在土耳其的桑尼乌法城地下 9 英里（约 15 公里）的地方，发现了世界上最古老的宗教庙宇遗址：哥贝克力石阵。它可追溯到 12 000 年前。这个发现的伟大之处在于让我们重写了人类历史。那么古老的年代不可能存在一个拥有先进建筑能力和符号学的文明。

上图

被埋葬的神庙？哥贝克力石阵依然是未解之谜。

从公元前 3500 年开始，许多发达的城邦开始在位于底格里斯河和幼发拉底河之间的美索不达米亚平原的苏美尔地区依次建立。这是文字发明以来出现的第一座城市，在象形文字、楔形文字中都有记载，这里也是世界上第一个被建设的城市。

历史学家经常把中东地区称为"人类文明的摇篮"。这个摇篮特别指新月沃土地区——从波斯湾到现在的黎巴嫩、以色列、约旦和埃及的一大片广阔的如同新月的地区。

公元前 10000 年	公元前 5500 年	公元前 2500 年—前 605 年	公元前 2334—前 2154 年	公元前 1894 年	公元前 1600—前 1180 年
哥贝克力石阵上建造了新石器时代最早的祭祀场所。	苏美尔在美索不达米亚平原被建造起来。	亚述帝国时期	阿卡德帝国时期	在巴比伦附近，出现了第一个巴比伦王朝	赫梯帝国时期

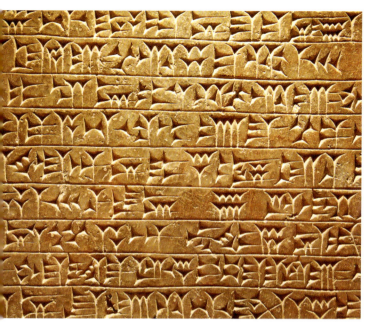

左上图

难解之谜：楔形文字。

传统观点认为，只有当游牧民族定居并以农耕组织的形式开始生活后，才能真正拥有文化。直到那时，争论才会形成，认为人们会有时间和环境创造复杂的社会系统和宗教结构。目前人们相信，这种"改革"形成的原因是多方面的，也是多渠道的，还经历了几千年的时间。

位于新月沃土地区北部边境的哥贝克力石阵，在土耳其语中是"大肚子山"的意思。对它的挖掘揭示了一些东西。它表明人类历史上文明的第一束星火来源于对其他东西的崇拜。当这里在20世纪60年代第一次被发现时，被当成废弃的中世纪的坟场。德国考古学家克劳斯·施密特选择在1994年对这里进行重新研究。到目前为止，在22英亩（9公顷）的潜在位置上，只有1英亩（0.4公顷）的范围被挖掘出来。施密特和他的团队利用探地雷达和地磁研究对整个顶点进行绘制，得出的结论是，这个地方还拥有其他16处巨石阵。

哥贝克力石阵是新月沃土地区许多考古学遗址中的一处，记录着非常丰富和生动的人类历史。让人伤心的事实是，作为政治不稳定区域，现代战争把考古景观以一种全新的、令人讨厌的方式进行了重新修整。许多古代城池，例如尼姆鲁德和尼尼微城，都处在被毁灭的危险中。许多破坏都是有预谋并且是故意的：那些所谓的伊斯兰国家武装力量想方设法地投身于消灭人类璀璨文明的活动中。伊

左下图

克劳斯·施密特，直觉把他带到哥贝克力石阵。

公元前 1200 年— 前 546 年	公元前 911 年— 前 609 年	公元前 626 年— 前 539 年	公元前 678 年— 前 549 年	公元前 550 年— 前 330 年	公元前 330 年
吕底亚王国	亚述新王国	新巴比伦或者 迦勒底帝国	中世纪	阿契美尼德帝国	亚历山大征服了 波斯帝国

了解天堂

　　克劳斯·施密特和他的团队发现了一系列神秘的庙宇，这些神庙外面都被一圈漂亮的雕刻石柱所围绕。这些神庙有着被建造成T字形的奇怪的石柱，最高大的有18英尺高（5.5米），重17.5吨。一些石柱是黑色的，但是其他石柱上面精巧地雕刻着一些形象：翻滚的蛇、蜘蛛、瞪羚以及公牛。施密特认为这些柱子可能是人类程式化的表现形式。更让人感到惊讶的是，在文字发明的6 000年前，在吉萨大金字塔建造的7 000年前，这里山上的中央神庙——从某种程度上说——描绘出了黄道十二宫的图样。在很长一段时间里，人们认为第一位天文学家就是古巴比伦人。在挖掘机的帮助下，我们知道神庙的中心编号为D，是由一系列的12根柱子组成的——那是标记出我们现在12个月份的具有魔力的柱子，也同样是我们在钟表上用的12个小时的标记。世界上最古老的历法是2004年在苏格兰被发现的（以纪念碑的形式）：它们也由12个建筑组成。然而，沃伦遗址比哥贝克力石阵晚了3 500年。爱丁堡大学的科学家相信哥贝克力石阵是宗教观天台，是用来记载彗星和流星出现的地方。在被称为秃鹰柱的石柱上，详细地描绘了鸟儿和蝎子的模样，好像还记载了大约公元前11 000年彗星撞击地球的情景。如果上面描绘的情形确实发生过，那么就会带来毁灭性的改变，会造成环境恶化以及微型冰河时代：无论这种情况是否发生过，这在科学家中间都引发了强烈的争论。对秃鹰柱子中的木炭沉积物进行碳－14测定，确认其所属年代与格陵兰冰芯处利用新技术得到的结论相吻合。

上图
拉玛苏：亚述人的保护神。

斯兰狂热分子使用电动工具破坏了巨大的拉玛苏石像。长着人类头像、有着翅膀的巨大石像矗立在尼尼微城的冥神之门门前，而在叙利亚最古老的城市阿勒颇，超过100处古代建筑被破坏，并且不会有人维修。

左图
神秘的秃鹰石柱。

住在巴格达的英国人，詹姆斯·里奇。

美丽的城市

从中世纪以来，欧洲人对美索不达米亚平原的了解都来自《圣经》的记载——来源于上帝创造说、大洪水以及巴比伦通天塔的故事。

拥有极高天赋的语言学家克劳迪斯·詹姆斯·里奇在 1808 年定居巴格达。里奇是在 1811—1812 年里第一个对巴比伦遗址进行研究的古文物研究者。这是对美索不达米亚平原进行考古研究的开端。

他在此处收集到大量的人工制品，但他最大的贡献是将他的发现于 1812 年发表在维也纳杂志上。在文章中，他描述了他曾看到的神秘的亚述

浮雕刻画了亚述王萨尔贡二世以及他的一位高级官员。

上图

奥斯丁·亨利·莱亚德，他的挖掘工作让考古学在中东地区得到普及。

下图

一位艺术家的作品，描述了在巅峰状态之下的尼姆鲁德最可能的样子。

人宫殿浮雕。后来，他走访了波斯波利斯、尼姆鲁德及尼尼微，极其详细地记录了自己的旅程和曾经访问过的历史遗迹。

尼尼微被视为人类历史上最古老的图书馆之乡，这里由奥斯丁·亨利·莱亚德于1842年发掘。在这里，他发现了一些泥板，为世界找到了破译楔形文字的密码。他同样为人们讲述了世界上最古老的传说——《吉尔伽美什史诗》。

在他的伊拉克学生霍尔穆兹德·拉萨姆的帮助下，莱亚德于1845—1851年揭示了两处位于尼姆鲁德的亚述宫殿：由亚述那西尔帕二世建造的西北殿；由以撒哈顿建造的西南殿。莱亚德相信他挖掘出了《圣经》中提到的尼尼微城。后来，他发现尼尼微城就位于库云吉克土丘下方。当挖掘西拿基立国王的宫殿时，他发现了几千种文物，包括许多泥板，成为考古学家数十年来都在破译的东西。

步莱亚德后尘的是在巴比伦进行考古发掘的德国考古学家罗伯特·科德威。作为新一代的系统性挖掘者，他相信地质学对人类历史的详细记录。1917年，他搞清了巴比伦城的城市规划：沿着一条从南至北的宽阔的大路进行修建，大路上铺设着红白相间的醒目的铺路板。他同样发现了尼布甲尼撒国王的伊什塔尔城门，这座城门后来重建于柏林的帕加马博物馆。

第一次世界大战短暂地中断了在新月沃土地区的考古研究工作，但是在 20 世纪 20 年代考古研究工作又重新开始。格特鲁德·贝尔帮助修建了伊拉克国家博物馆。然而，伦纳德·伍利却和阿拉伯的劳伦斯在战争中一直工作，在 1922—1924 年领导了对苏美尔城乌尔的挖掘。

随着考古学家对这个区域每一样文物的展示工作，一幅图揭示了在这个神秘的地方，人类有多少活动已经开始出现：从最初的农业系统和动物驯化，到灌溉创造、防洪控制及陶器轮子的出现，再到有着可辨认的社会结构、宗教组织、战争行为的最早的城市。

左图
在柏林帕加马博物馆重建的伊什塔尔城门。

下图
世界上曾经最富有的城市——波斯波利斯遗址。

世界上最富有的城市

在过去的 200 年里让考古学家眼花缭乱的地方之一是波斯波利斯，它曾经是世界上最富有的城市。这座建立于伊朗梅尔西山阴下的城市，在最初的日子里，它的财富一定是真正超越世界上其他城市的。

居鲁士大帝的子孙大流士一世，在他的时代里新建了两个首都用来控制阿契美尼德帝国：第一个是繁荣的贸易中心苏萨，这里成为中央政府所在地；另外一个是极其壮丽的波斯波利斯城，这里成为主要的宗教中心。

不幸的是，这座城市被亚历山大大帝洗劫一空，考古学家推测这是亚历山大大帝对雅典城被摧毁的报复性举动。波斯波利斯城的这段历史成为波斯人在遥远平原上统治成功的胜利史诗。象征仪式的阶梯通过巨大的拥有大门的房间，这被称为万国之门——这种说法不完全是出于自夸，考虑到波斯王薛西斯统治了 312 个城邦国家，每个国家每年都需要向薛西斯王进贡。

这个地方于 20 世纪 30 年代由来自美国东方研究所的恩斯特·菲尔德第一次挖掘发现，菲尔德还发现了一系列巨大的皇家接见室，就是被人们熟知的阿帕达纳宫，百柱大殿；薛西斯王接见高官的三大殿；金库以及后宫。

字母人物

曾经辉煌的腓尼基人是如何消失得无影无踪的呢？

好战的水手占据了黎凡特，这个富饶的东方地中海海岸于公元前 1500—前 539 年被黎巴嫩、以色列、加沙及叙利亚分据。由于这里进行奴隶、贵重金属、酒、染料和珠宝贸易，因而变得日益富饶。它们的影响力日渐强大，以至于它们的文字及语言传遍了整个地中海地区。

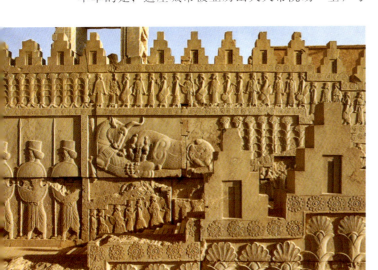

左图
波斯波利斯仪式台阶上的浮花雕塑。

下图
世界上曾经最富有的城市——波斯波利斯遗址。

乌尔——月亮神之城

乌尔城是根据月亮神乌林命名的，早在7世纪就被占领。20世纪20年代，这里的遗迹让考古学家确信他们找到了《圣经》中所说的发洪水的地方。然而，事实上这里受到侵蚀的原因是遭受了来自幼发拉底河和底格里斯河有规律的小型洪水灾害。

最早到达乌尔的西方游客，是1625年来自意大利的音乐家兼作家彼特罗·代拉·瓦勒，他回到家乡的时候，随身带了许多雕刻着花纹的砖块。1853—1854年，生活在巴士拉的英国副领事约翰·乔治·泰勒代表大英博物馆对这片地区进行了第一次重大发掘。泰勒在金字塔上发现了一块那波尼德圆筒（见20—21页），这是迄今为止当地最重要的发现。

1923年，由伦纳德·伍利带领的去往乌尔的探险队发现了一处年代最古老的王室墓地，这块墓地标示的日期远远早于公元前2600年。从这个生活于公元前2500年的

右图

工作中的伦纳德·伍利，他发掘了乌尔古城遗址。

下图

乌尔王家旗帜上的战争图样。

乌尔城出土的由金叶子制成的头饰，金叶子中间夹着青金石和玛瑙珠。

普阿比皇后的墓地中出土了大量精美的物品，包括一把镶嵌着精致装饰物的竖琴和一颗有着闪亮的天青色眼珠的牛头。9件头饰也随即出土，这些头饰由青金石和玛瑙珠装饰，纯金的叶子上雕刻着山毛榉条纹和柳叶纹。这些精湛的手工艺品意味着乌尔城是一个拥有稳定而兴旺的先进技术的城市。另外，这些头饰给予了佩戴着它们去世的妇女极大的荣耀。

这16个皇家陵墓都是祭祀的场所。每次祭祀都会有多达80个人陪葬——侍臣、仆人、士兵及音乐家都被献祭了。他们穿着最为华贵的服装，喝下一杯毒酒。当他们最后吞下一种混合的毒药后，活着的人们点燃仪式之火，用葬礼宴会来为死者送行。我们不知道这些陪葬者是自愿的还是被迫的。

在另外一个墓穴中，伍利发现了乌尔城的皇家旗帜，因为他相信这面旗子是绑在一根柱子上的。"战争图景"描绘了乌尔城的军队出发去打败一个胆小而畏缩的敌人。这是关于苏美尔人武装力量的最早表现。

伍利的发掘持续到1934年。出土的东西被大英博物馆和宾夕法尼亚大学博物馆的人类学家及考古学家分别持有。伊拉克当局希望把这里开发成一个旅游胜地，在2009年同意和宾夕法尼亚大学合作，进行进一步深入的挖掘。

1923 年，法国考古学家皮埃尔·蒙特在比布鲁斯城亚希兰国王的大理石棺上发现了腓尼基铭文。在城里，蒙特还发现了 9 个皇室墓穴，这些墓穴的主人都出现在正史及《圣经》当中。最近几年里，在对西顿城的考古挖掘中发现了令人惊叹的人工制品。

尽管这些发现对理解远古世界有一定的影响力，但是在伟大文化上的考古发现却是来源于它们周边。在亚述城尼尼微发现的浮雕非常详细地展示了腓尼基战舰，包括船头上描绘的戏剧性眼睛。

腓尼基探险家远涉大西洋，与不列颠群岛和斯堪的纳维亚半岛建立了贸易伙伴关系。他们将北非的迦太基变成自己的殖民地，在整个地中海地区传播自己的文化，包括他们崇拜的巴尔神和其他一些神。

右图
在黎巴嫩南部的西顿城，一处考古挖掘发现了大量的腓尼基陶器。

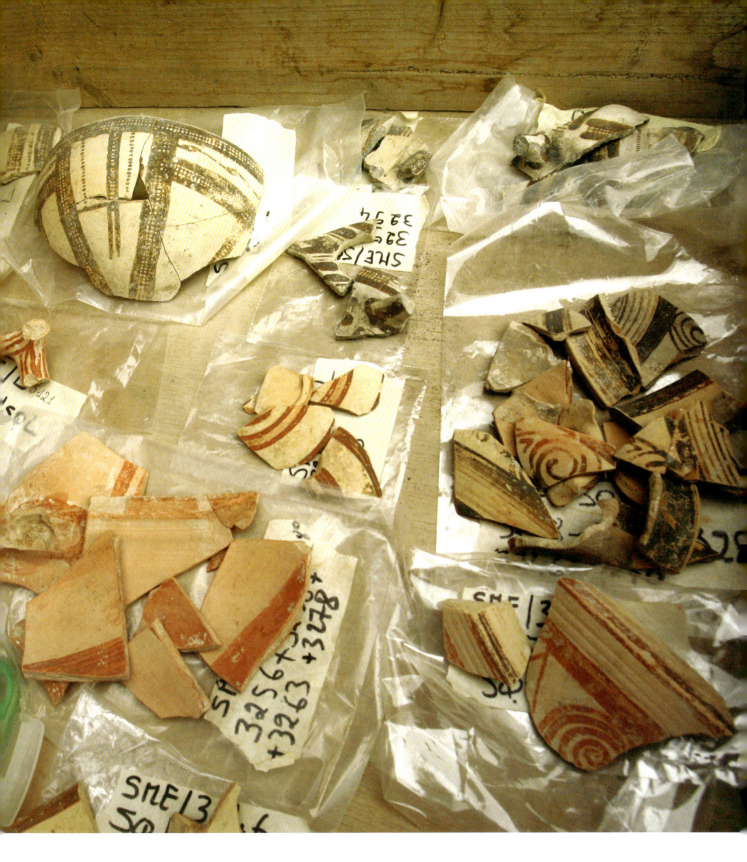

法老的世界

从拿破仑远征队发现埃及文明开始，在大众的想象中，没有哪一个文明像古埃及那样具有强烈的吸引力和刺激性。考古学家、历史学家及旅行家都涌入埃及去观看这些奇迹。

右图

商博良标注的埃及语法。

左图

让·弗朗索瓦·商博良，他发现了解译埃及象形文字的密码。

下图

用三种文字写作铭文的罗塞塔石碑。

古埃及人留下那么多关于他们生活的记载，用各种方式讲述着他们的故事。但是，应该如何解译他们的铭文、图画及纸上符号？

1820 年，让·弗朗索瓦·商博良与英国博学家托马斯·杨开始了一场关于解译象形文字的比赛。解译的关键点在于一块神秘的黑色石头，是由拿破仑军队挖出的，上面铭刻着三个版本的法令。杨把发现的罗塞塔石碑上的文字和菲莱尖碑上的一些特殊的字母分解成托勒密名字。商博良首先发现语言是同时基于图形（象形）和语音的。

其中一个受封人是奥古斯特·玛里埃特。卢浮宫渴望保持对埃及古物学的领导，因此派出杨这位象形文字爱好者去收购新发现的莎草纸。当这件事情失败后，他转而到达当地的贝都因人部落，这些人把他带到了塞加拉。在这里，在一片"荒凉之地"中，他发现了巨大的神庙建筑，位于接近通往狮身人面像的路上。当他回到法国时，那里隐藏着2 500尊雕像、青铜器及装饰镜板。在伊斯梅尔·帕夏的帮助下，他于1853年在开罗开设了博物馆，而这个举动改变了世界。1858年，他被任命为文物部门的官员。

在玛里埃特的实际工作中，很快就会加上威廉·弗林德斯·皮特里等人物在技术和图形学术上的重大改进。这是考古学历史上具有重大里程碑意义的事件，但是埃及古物学透露了更多的内容。

在商博良告诉人们该如何解译象形文字100年后，另外一位考古学家霍华德·卡特与一队由修复专家、语言专家、化学家及自然科学家组成的研究队伍成为被关注的中心，在1922年11月，卡特几乎肯定他在卢克索国王之谷找到了失传已久的图坦卡蒙"博伊"的墓穴（见108-109页）。

这成为科学史上传播最为广泛的事件。然而拉美西斯二世的墓穴距离这里仅仅几英尺远，这又有多少特别之处呢？拉美西斯二世被称为"伟大的人"，他享年大约90岁。

下图
玛里埃特发现了狮身人面像，现保存于卢浮宫里，这尊像原来放置在神庙之前的道路上。

最伟大的历史发现

"你能看到什么吗？"卡纳冯勋爵不安地问道。考古学家霍华德·卡特手持一盏灯，透过一个小孔凝望着。为了这一刻，他们等待了令人沮丧的7年之久。"太妙了。"霍华德·卡特深吸一口气，感叹道。

一队专家

尽管在当年9月的一天，卡纳冯勋爵的女儿伊夫林·赫伯特是第一个进入墓穴的人，但参与图坦卡蒙墓开发的人员揭示了另外一个事实：卡特想方设法招募的一群专家。当他和卡纳冯第一次把灯光射向图坦卡蒙安息处时，那里有一个由58人组成的团队。

在这一个典型的系统的计划项目上的多学科小组中，包括文献学家艾伦·加德纳爵士、比利时考古学家简·卡帕特、美国考古学家詹姆斯·布雷斯特德，以及圣经学者约翰·奥拉·基纳曼，1961年，他成为卡特远征队中最后一名幸存者。化学家阿尔弗雷德·卢卡斯的现场作业不仅保住了恢宏的战车，也保住了易碎的亚麻手套、

右图
这个年轻国王头戴的绝色面具。

下图
霍华德·卡特（和伊夫林女士站在中间的那位）以及他的团队。卡纳冯勋爵手持拐杖站在旁边。

图坦卡蒙国王的诅咒

关于发现图坦卡蒙墓穴的真实故事已经足够引人注目，然而还要加上所谓的"诅咒"，这会让你有看高票房电影的感觉。法老的防护者是眼镜蛇。当卡特打开坟墓的那天，一条眼镜蛇溜入他的金丝雀笼子里，将小鸟咬死。在这之后，在打开坟墓有关的人中，有超过20人都相继死于神秘事件。这其中包括卡纳冯勋爵，他在4个月之后死于蚊虫叮咬后的感染；卢浮宫的众议员乔治·斯贝内迪特，死于热射病；年轻的埃及王子阿里·卡姆尔·法赫米·贝伊，在6个月之后被他的法国妻子射杀；卡特的秘书理查德·贝塞尔被人们发现窒息于梅菲尔区自己的俱乐部中，是被人谋杀的。从那时起，这些死亡事件以及其他一些事情就开始困扰埃及考古学。

干花花环，刻有铭文、涂有颜料的盒子，以及装满了精美纤维织物的柜子，否则的话，这些东西会由于触摸而成为碎片。

开罗大学的解剖学家道格拉斯·德里分析了图坦卡蒙木乃伊，通过分析股骨转子融合的阶段与股骨情况认识到，图坦卡蒙国王只有19岁。同时，放射学专家阿奇博尔德·道格拉斯·里德爵士用X射线检查了他，哈利伯顿为这每一处发现都拍了照。

与那些之前陵墓的盗掘者不同，卡特探险队非常斯文，因为他们强烈地感受到他们打扰了一位法老的宁静。在阴森的墓穴内部，他们发现一扇低矮的门，通过这扇门可以到达另外一个小屋里。在屋子的中央，放置着一个纯金的神龛，神龛的四个角上都有一个女神像。女神的胳膊在黑暗中伸出，就像在请求什么。她们的表情很夸张，以至于整个队伍都被触动了："我放下面子坦诚相告，"卡特写道，"眼前的情景让我心生感动。"

墓穴的收获

当卡特和他的团队沿着楼梯进入图坦卡蒙陵墓时，他们来到一条通往前厅的走廊前。在这里，他们眼前的景象可以被称为"有组织的混乱"，他们发现人工制品散落得到处都是，这是一次并不成功的盗墓行动导致的。

那个埋葬法老的房间，可以说是金库或者建筑物的房间，里面有四个木制的神龛围绕在图坦卡蒙石棺周边。国王拥有三层石棺，层层相套。最外面的那层由玫瑰色的花岗岩和黄色的石英岩组成；中间的一层上面描绘着穿着正式服装的年轻的法老；最里面的一层石棺由闪亮的纯金打造，上面点缀着绿色长石、红玉髓及天青石。最后那具绝妙的肖像上，金子的面具覆盖了头部及肩膀，眼眶中放着黑曜石和霰石。

总体上，有5 398件物品被卡特和他的团队标记，这让他们花费了十年的时间进行研究。直到2007年，图坦卡蒙木乃伊才被送回王之山谷的墓穴中，并在那里展出。

左图
一条被埋葬的小船，人们相信这是载着法老驶向来世的工具。

奥古斯特·玛里埃特，他在开罗建立了埃及博物馆。

狮身人面像：吉萨地区最大的狮身人面像。孟卡拉金字塔和卡夫拉金字塔在他身后。

1995年，在下面的挖掘中，卡特被一些碎片所阻挡，美国考古学家肯特·威克斯发现了一处隐藏着的入口，仅有3.5英尺（110厘米）宽。他预测里面是一个比较小的内庭，但是打开后发现，里面是有着地下通道的广阔迷宫。迷宫是由拉美西斯二世建造的，他从1279年开始统治埃及，这个坟墓（被称之为KV5）是独一无二的，是在王之山谷中唯一一个"家族墓穴"。

一些研究者认为拉美西斯的孩子超过100个；众所周知的是，他与他"主要的"妻子有40个儿子，他的妾室和奴隶

们没有生下这么多孩子。迄今为止，威克斯和他的考古学同事、他的妻子苏珊在 KV5 里面发现了 130 个内庭。

威克斯是宏伟的底比斯地图计划的主导者和创始人，他的工作在于在其他一些事情中改进坟墓中的环境状况。极端炎热的白天和温度极低的夜晚，加上数千旅游者呼吸产生的湿气，造成了暴露在坟墓墙壁上油彩的脱落。

生命和死亡事件

每一位法老都被视为太阳神的后代，他们每一次的统治，都是在混乱的宇宙中重新建立秩序。即便是现在，埃及历史还是照常把历史时期按照假定的混沌划分为古老的、中期的和新国王时代。

保留像拉美西斯二世以及图坦卡蒙国王之类的神王的遗体是非常必要的：这是使处在危急时刻的埃及继续繁荣的保障。

上图

神秘的坟墓 KV5，掩藏在王之山谷中。

下图

捕鼠情形？工匠像捕获老鼠一样捕获法老。

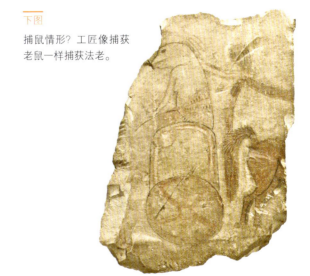

上图

王之山谷壮观的悬崖。

当法老死去后，他们会向众神传达人们的愿望，因此他们打算让神圣的墓地永垂不朽。这些，以及《亡者之书》中一系列的符号给予我们一些偏见，就好像古代埃及人终其一生的时间都在为死亡做准备。

下图

纳夫蒂蒂半身像。

然而，日常的埃及不仅仅是病态的木乃伊以及昏暗的坟墓。在两个世纪的研究之后，考古学家开始全方位地理解这里的文化，而不只局限于法老和文物。维弗尔斯甚至还发现了工人阶级幽默感的例子。在德尔麦地那发现的一幅插图中，工匠画了一个卡通老鼠样子的法老坐在马车上。他在攻击猫的城堡，这是他对在王之山谷白天画的官方艺术品的诙谐模仿。

在帕希里墓穴东面墙上的绘画中，描绘了一位妇女点18杯酒喝："我希望自己喝醉；我就像一根吸管。"在埃及有许多古老的造酒厂。酒拥有神圣的力量，代表着永恒，因为它会给服下它的人全新的生活……历史学家告诉我们，在贝斯特节日中，即便是猫神都可以喝酒。

妇女的工作

较之19世纪的考古学家（大多数是男性）认为的，其实埃及妇女拥有更加平等的地位。美丽奈茨、肯特卡维斯、尼西克雷特、索贝尼弗鲁，这里有许多女性统治者，就像托勒密王朝后期著名的埃及女王克利欧佩特拉，具有影响力的王之配偶，如纳夫蒂蒂王后，以及我们知道的两位女性高官。

纳夫蒂蒂王后

她名字的意思是"世界上最漂亮的人"，纳夫蒂蒂是阿肯纳顿最喜欢的妻子，她因美貌而闻名。由雕塑家图特摩斯在公元前1343年制作的这个漂亮的雕像，以其自然性成为埃及举世闻名的雕像。然而，它并不代表绝大多数埃及艺术品的特征。图特摩斯新的创造性的自由主义来源于艺术革命，这伴随着奥克亨那坦特别的宗教改革。当"异教法老"决定用单一的神阿顿或太阳神来取代传统崇拜的诸神时，纳夫蒂蒂站在他身边。他们把整个埃及朝廷搬到了新的首都阿玛纳。3 500年之后，考古学家路德维格·波哈特在德国人对这里进行第一次发掘的现场中发现了这尊雕像。波哈特避开埃及官方的检查，于1925年把纳夫蒂蒂带回了柏林，这引起了巨大的公愤。

当那些身上有刺青的女性木乃伊被第一次发现时，大多数考古学家都假定她们是地位低下的人，也许是妓女或者舞女。在对普通村庄的挖掘中，威廉·弗林德斯·皮特里发现了许多针和染料，表明了平民能装饰自己的身体。然而，最著名的有刺青的女性木乃伊被发现在代尔拜赫里官方地位较高的墓穴中，这里通常是专门埋葬皇室成员的墓地。

1891年，法国埃及古物学者尤金·格雷波特发现了阿蒙内特，她开始时被认为是妓女。她生活于十一王朝（公元前2134—前1991年）。在她右大腿上文了多样的钻石图案；在她的胃部是一些具有暗示意义的圆圈，确凿无疑地意味着性高潮。阿蒙内特是生育之神哈索尔的祭司，她的故事发展成一种证据，证明在古埃及，性欲与神圣的仪式暗地里联系密切。这代表着人类与神职人员之间的联系：天空女神努特，被认为是在夜晚将太阳吃掉，然后在第二天早上把太阳生出来。

更多的发现

霍华德·卡特去世后将近一个世纪时，考古学迎来了另一个鼎盛时期。技术上的进步从某种意义上来说意味着考古学的新浪潮。2016年，索哈杰附近有着7 000年历史的"消失之城"被发现。2017年3月，一部分雕刻作品（可能是拉美西斯二世）在开罗的迈泰里耶被发现。2017年4月，在开罗南部的代赫舒尔、斯尼夫鲁弯曲金字塔北边，一个新的金字塔被发现。古埃及的故事还在继续。

 左图

天空女神努特把天空放到哈伦海布的坟墓中，哈伦海布统治时间为公元前1348—前1320年。

右图

2017年，拉美西斯二世的石英石巨像在开罗的迈泰里耶被发现。

神秘的印度

在穿越今天的印度西北部和巴基斯坦的印度河沿岸出现了城市文明，这是上古时期出现的第三个有名的文明。这也成为最大的一处文明，在超过 600 000 平方英里（约 1 550 000 平方公里）的土地上绵延，在公元前 2800 年建立，全盛于公元前 2500 年。这一文明由多达 100 个市镇组成，还包括大量的城市：朵拉薇拉、洛塔，以及这一处文明中最大、最闻名的两座城市摩亨佐·达罗和哈拉帕。然而，由于战争的袭击，印度河文明在公元前 1900 年突然消失不见了。

上图
印度河文明中最大的城市哈拉帕的遗址。

这块平原是由 1 800 英里（约 3 000 公里）长的印度河以及它的支流冲击而成的，印度河在俾路支干旱的广阔平原上奔腾，穿越山脉和对岸，向西行到达塔尔沙漠，然后又向东边流去。印度河在这里汇入阿拉伯海。与尼罗河一样，印度河每年春天都会发洪水，但印度河的泛滥是由喜马拉雅山的积雪融化造成的。河水的灌溉和丰富的冲积泥沙，创造了一个狭窄但肥沃的冲积地带，自然有利于人类居住，引发了印度河流域以及哈拉帕令人惊讶的社会化过程。这一文明与美索不达米亚、埃及、中国同时代的文明并存，这些条件促使在这里建立了一个有文明的、有组织的、城市化的社会。

农业是这里发展的基础。在春天播种的小麦和大麦是

印度河起源于西藏，汇入阿拉伯海，全长2 000英里（约3 220千米）。

这里最主要的作物，这些作物只需要人类花较少的精力打理，豌豆也同样在这里播种。在一些地方，特别是较远的东方，可以种植大米。当时的人们种植棉花，并且会把棉花织成做衣服的布料。这里最成功的驯化动物是牛、山羊、绵羊、猪及大象。骆驼也同样被驯化了。无论是作为食物来源还是负重工具，在当时的新世界中，骆驼的驯化都是至关重要的。

发现新的文明

印度河谷城市引人注目的地方不仅仅是它的繁荣昌盛，还有与美索不达米亚、中国和埃及的第一个城市形成的鲜明对比。直到19世纪，印度河谷还是一个完全未知的世界。直到19世纪30年代，一位先前是士兵的英国冒险家查尔斯·马森才发现了第一座印度河谷城市哈拉帕。马森并不知道这一发现的重大意义，直到1924年在摩亨佐·达罗才开始了对印度河谷城市的第一次挖掘，这里还是在1920年由处于领先地位的印度考古学家R.D.巴内吉所发现的。

由K.N.迪克希特领导的印度考古研究所团队承担了这次调查任务。英国考古学家约翰·马歇尔率领的小组在1925开展了进一步的工作。20世纪30年代，由当时最著名的考古学家、在1944—1948年任印度考古所主任的莫蒂默·惠勒主持的遗址挖掘工作仍在继续。挖掘持续到1945年，随着美国考古学家乔治·戴尔斯带领团队到达这里，挖掘工作在20世纪60年代中期达到顶峰。但进一步的研究工作只能暂缓，这是因为人们担心挖掘工作造成结构风化，从而损坏文物。2015年，在巴基斯坦国家基金对摩亨佐·达罗的支持下，挖掘工作得以继续，当时使用了将破坏降到较低程度的干式岩心钻取技术。第一次的挖掘结果显示，这里比最初想象的要大许多，但它的精确尺寸直到今天还只是一个推测。

这座野羊的雕塑具有哈拉帕文明的艺术特征。

石头之城

　　由于有这些巨大石头建造的水库，朵拉维拉或许是印度河谷中最富饶的城市。这座城市在 1968 年才被发现，在 1989 年由 R.S. 比什特带领的印度考古研究团队开始挖掘。挖掘取得的成果大大增加了我们对这一文明的了解程度，也确信这么一座巨大而精美的建筑是在极其集权的指挥中建造的。发现的物件包括陶器、青铜、珠宝、陶塑、一串密封砂，10 个连续字符，那是迄今为止发现的最长的连续的古印度字符。

上图

朵拉维拉，一个 1968 年发现的城市，有着精心设计的水渠及台阶式的石头建筑。

　　朵拉维拉展现了令人瞩目的非常复杂的城市情况，体现了印度河谷文明的丰富性。摩亨佐·达罗以及哈拉帕几乎都是由烧结砖建造的，但是朵拉维拉是由石头建造的。这既反映了石材作为建筑材料的可用性，也突出了显著的集权组织和技术能力。

　　这座城市令人印象最深刻的是它由 16 块石头建造的水库，最大的石头有 260 英尺（79 米）长、12 英尺（约 4 米）高。这表明了印度河谷文明对水的管理能力是非凡的。

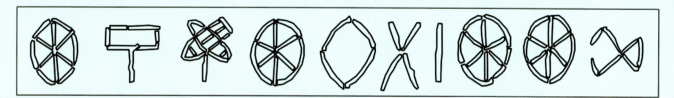

朵拉维拉大门上发现的 10 个字符是迄今为止发现的最长的连续的古印度字符。

上图

像这样的水井对于朵拉维拉而言是非常重要的，因为它坐落在缺水的地方。

一些地区也许经年累月都不下雨，朵拉维拉创造了一个大的水系，利用水坝和水库不辞辛苦地把河水和雨水收集起来，需要的时候再放水，这让这里的繁荣成为可能。

在朵拉维拉城市中心，有一眼井，井口直径 13 英尺（4米）、深 65 英尺（20 米），是由石匠精确地设计好的。它的重要性显然不仅仅是实际用途：它饱含清澈的井水，就像人们说的那样，是"文明的摇篮"。

摩亨佐·达罗是印度河谷第一个被挖掘的城市。

莫蒂默·惠勒（右），时任印度考古研究所主任，以及著名考古学家路易斯·利基（左）。

未知的社会

对于所有的挖掘工作，印度河流域的政府、宗教和社会组织系统今天仍然鲜为人知。没有人可以说清楚这里是否有国王，也没有人能说清楚这里是不是雏形国家。宗教领袖（如果存在的话），仍然是难以捉摸的。

原因很简单，到目前为止，没有发现一个真正的书面记录。虽然如此，这个文明还是拥有文化：超过3 500个独特的铭文散落在陶器、密封圈、青铜器及象牙碎片上；有至少400个不同的符号已经被识别出来。由于没有更充分的手稿，因此，被称为印度河谷文明的符号依然是未解之谜。专家们相信这里的语言是属于德拉威族人的，他们是今天泰米尔人和马拉雅拉人非常古老的祖先。

尽管没有任何书面记录，考古记录也不完整，这里却揭示了一个秩序极其井然的社会，其复杂程度和影响力非

左图
这座半身像是
属于某个国王
或者牧师的，
它让人们对印
度河谷文明的
政府制度略有
了解。

文明的摇篮　121

上图

这块石头碎片上面有些许印度字母。

下图

摩亨佐·达罗的"大澡盆"。

凡。在最顶峰时，摩亨佐·达罗占地 99 英亩（40 公顷），估计拥有 40 000 人口。这座城市是按规则格网布局的，其主要街道宽不小于 30 英尺（9 米）。城市中间的城堡被认为是集宗教、仪式、管理于一体的中央枢纽。

在摩亨佐·达罗令人惊叹的发现是一个 40 英尺（12 米）长、13 英尺（约 4 米）宽、11 英尺（3 米）深的"大澡盆"。它的目的仅仅在于保持清洁——这座城市还拥有 80 个公共厕所，也拥有复杂的排泄系统及相似的排水系统，每个家庭都有自己的水井。但是，这也是净化灵魂的宗教场所，人们把水当作最有用的清洁物品以及医治者。同样地，把相邻的"学院建筑"认为是祭司所在的场所。

居民区围绕着这一中心而展开。在一些通风的平顶屋中，都有一个被房屋围绕的大院子。大部分居民都是居住在单人房间里，差不多就像公寓房间。事实上，除了朵拉

印度河谷的印章制品。印章用来表示对某物的所有权及表示权利。

维拉以外，几乎所有的哈拉帕城市所使用的砖块尺寸都是一样的：9英寸×5英寸×3英寸（24厘米×14厘米×7厘米），这进一步证明了这里拥有完善而集中的社会组织。一系列谷仓为这里的农产品提供存储之地。就像其他古代文明那样，在印度河谷中，也发现了许多密封圈，意味着这里有贸易往来。

关于印度河流域最早的不解之处在于发现这些遗址的地方在距离印度河东边的地方，那里是迄今为止非常干旱的地方。这些城市是如何在不接近水源的地方建造起来的呢？简单来说，答案就是曾经有一条克格尔河向这里提供水源，同时还依靠喜马拉雅山的冰川融水，然而这些供给都被一场地震改变了，人们推测是地震改变了水源的行进路线。这些在地上的遗址在今天就只剩一些毫无希望的盐土和死水塘。事实上，河流依然在地下奔腾，1990年的惊人发现改变了这一地区。

1954年发现了洛塔城，这座城市建造在坎贝湾的萨巴尔马蒂河两岸。这座城市是通往印度文明的关口，1955—1960年，在印度考古研究院的组织下开始挖掘。在海上贸易中，手工制品成为联结印度河谷和广阔世界的关键因素。在这里也发现了世界上最早的为了特定用途而建造的码头。码头上有一个装有木制门的闸，目的在于利用坎贝湾的潮差，让人们可以随时通过。

印度河谷的工业

为了以稳定的食品供应换取原材料，尤其是铜和青铜，在该地区发展了一系列繁荣的原始工业。就像陶器那样，许多商品——武器、镜子、珠宝、陶瓷及剃刀被制造出来。这些东西被带到波斯和阿富汗，由公牛车从陆地上运走，公牛车是那时当地最主要的交通工具。

印度河谷海员利用季风同样开创了海上道路。在公元

左图
公牛车是当时最重要的交通工具。

前 2300 年，美索不达米亚平原德城的萨尔贡王来到了印度河谷。在公元前 3000 年末时，印度河谷成为横跨印度洋和中亚贸易网络的中心，这张贸易网被人们称为丝绸之路。

越来越多的考古学发现，印度河谷处于远古世纪中最有活力的文明中，它对印度的发展具有较大的影响力。非常有可能的是，作为世界上最为古老的宗教之一的印度教也起源于这里：印度的意思就是印度河。

没有让人信服的理由来解释为什么印度河文明突然中断了。有可能是在印度河河道的改变中消失的，这让曾经富饶的地方成为荒漠；也有人认为是气候变化所致。所有这一切都确定地证明了这个繁荣而兴旺的社会是突然间消失的。

但是它对人类文明的持久影响却怎么强调都不为过：世界从来就不是确定的，印度河谷是改变我们生活方式的一大文明，通过稳定的农业生产和工业社会终结了人类的狩猎史。基于印度河的农业种植使发展一种全新的、城市化的生活成为可能，反过来又发展了文明。

正如地中海和黎凡特社会在公元前 2000 年末期崩溃之后，随之而来的是一种几乎无法形容的黑暗时代一样，在公元前 1900—前 1700 年消失的印度河谷文明在考古学和历史学上形成了一处断裂带。

在公元前 1500 年，一队从西北方迁移来的雅利安人来到这片土地上，但是也没有十足的证据。无论他们从哪里来，也不管他们是如何利用当地资源的，甚至我们不清楚他们从仅存的哈拉帕世界中学到了什么，但他们成了对印度历史的发展有着重要影响的人物。

这串有玛瑙、玉石、玉髓的项链可以追溯到公元前 19 世纪，就是在印度河谷文明消失后不久出现的。

黄河流域

中国拥有世界上独一无二的文明，它的文明从未间断，从第一个有确切文字记载的主要文明商朝[1]开始，一直延续到现在。商朝为中国人的自我认同感创造了延续4 000年的文化、语言、经济以及政治，尽管这些文明周期出现并且遭到过人为的和自然界的大破坏。中华文明的连续性让人惊讶。随着商朝在公元前1800年建立，中国的工艺技术以及社会组织发展程度是西方文明在随后几个世纪中都无法比拟的。

上图

南宋画家马远（1160—1225）绘制的黄河逆流图，黄河孕育了中华文明。

与其他远古世纪的文明相比，在中国北方黄河水道的灌溉下，这一连续性成为可能。中国古人较早发展了农业文明，因此狩猎文化逐渐被定居的农耕文明所取代，这一切都基于中国北方的小米种植和南方的大米种植。同样地，动物们开始被驯化，特别是猪和羊。尽管书写符号是在公元前1400年发明的，但它们依然是现代中国的书写基

---

1. 实际中国的文明起源远早于商朝。——译者注

江西仙人洞。

现在游客们可以看到仙人洞内的场景重建。

础。考古学证据依然为人们理解商朝以及随后王朝的建立提供了证据。中国社会的形成非常复杂，继承了丰富的资源。

早在 500 000 年前，中国就有人类居住。智人早在 30 000 年前就开始在这里生活。20 世纪 90 年代，在中国的江西省，一个名为仙人洞的洞穴被发掘，这里出土的文物证实了早在 20 000 年前，中国就有稻米种植。在这里，也发现了最早的陶器。

社会发展

在商朝，从早期的社会过渡到非常复杂的社会的时间，从来都是不清晰的。但是，当这个社会出现时，是拥有较高文明、高度阶级化、让人惊叹的成熟的战争技术的社会。这也标志着中国青铜器时代的到来，突出的一点就是青铜制品大增，许多青铜器制造复杂、技艺精湛。

商朝的政治结构不太清晰。它是由位于中国北部黄河沿岸的六个都城先后统一、领导的中央集权制社会，还是由宗主领地联盟共同结合的较为松散的国家？最有力的证据来源于如下两个方面：甲骨文和挖掘的商朝墓葬。

它们共同凸显了商代的另一个基本事实：商朝的宗教主要是祖先崇拜，只有贵族才能进行祭祀，这更像私人行为。毫无疑问，祭司是那个时代的精英：没有祭司，用甲骨对未来进行占卜是无法完成的。然而，在美索不达米亚和埃及发现的大量寺庙中似乎并不存在祭司。

妇好墓

商朝的坟墓不仅对研究商朝中国的宗教有重要意义，而且更让人惊讶的是当时墓穴的豪华程度。发现的最重要的坟墓在殷墟。即使据推测商朝的遗址中已经有大部分东西在后来被掠夺，但遗留的内容仍生动而清晰地显示出商朝的富饶程度和影响力。1976 年，一处未被盗挖的坟墓被发现。这是商朝皇帝武丁的一位妻子妇好的墓，她死于公元前 1200 年。她的墓穴即便无法与公元前 3 世纪秦始

上图
出土于半坡遗址的公元前 4800 年的陶器。

皇的陵墓和他的 6 000 士兵的兵马俑（见 71—74 页）相比，这里依然包括了 755 件玉器、564 件骨器（其中有 500 个发簪）、468 个青铜器、63 个石器、11 片陶器、5 件象牙制品及 6 900 个土海贝，这是当时的货币。同时，发现了 6 只殉狗的骨架和 16 个殉葬的人的骨骼。这表明商朝是高度集权的社会。

约公元前 1030 年，商朝灭亡，由中国西北部的族群建立了周朝。周朝与商朝有着截然不同的政治结构。最初，商朝的中央集权制被一系列的宗主领地所取代，就像欧洲

周朝的祭祀用青铜器。

的封地那样，这些土地被分封给忠于周王朝的人。但是在公元前771年，大多数诸侯王都脱离了周王朝的控制，成为实际上独立的小国，史称春秋时期。从此将近100年，各个诸侯国相继登上历史舞台，而周王朝的势力衰减，实际上仅仅成为这些诸侯国中的一个。这是一个经常引发战争的时期。公元前472—前221年，这些小诸侯国陆续被吞并或沦为附庸，最后形成20个国家，这是诸侯争霸的战利品，这个时期也被称为战国时期。

但是，尽管政治结构破碎，尽管残酷的战争持续了一

个世纪，但是从某种意义上来说，中华文明在中国这片土地上逐渐被人们接受，也得到了最大限度的发展。公元前5世纪，中国南部的长江流域和东北地区全部融合到中华文明当中。与此同时，中国开始了重大的技术改革，许多中国的政治机构也被重建并且变得强大起来。公元前4世纪，这个处于领先地位的国家指挥着近1 000 000人的部队。一些战争的参战人数超过100 000。这种规模的战争在世界上的其他国家从未听说过。欧洲直到16世纪时都无法与这种战争规模相抗衡。

甲骨文

商朝的甲骨文在 1899 年首次在现代城市河南安阳的殷墟遗址中被发现。殷墟是商朝的一处考古点。这些甲骨文最初是由时任国子监祭酒的王懿荣破译的。1917 年，另外一位中国学者王国维也破译出一些甲骨文符号。他认为甲骨文，一半是象形字，一半是形声字，这种造字方式直到现代中国也没有被改变。甲骨文一般是取自驮兽的肩胛骨，特别是取自水牛或者是黄牛，这些骨头加热至破裂后就可以用了。这种裂纹被用来占卜，骨头被用来记载文字。这种占卜涵盖了生活的方方面面，可以占卜天气，也可以占卜战争胜负。然而，它们上面的文字却成为现在理解中国商朝社会生活的重要窗口。

上图

刻有字符的甲骨。

下图

妇好墓。

康侯簋，一种仪式用青铜器。

技术新水平

  与此同时，手工技艺在当时发展到新的高度。早在公元前11世纪周王朝兴起时，青铜匠人就可以精炼出像康侯簋或者是鼎（一种存放食物的礼器）的青铜制品。（这只簋很重要，证明了周朝的领地是分封的：簋身的铭文记载了卫国是康侯的封地，康侯是武王的兄弟，他因平定商朝的叛乱而受封。）

  公元前650年，铁器第一次被使用。从公元前5世纪开始，当越来越多的铁器取代石头和骨头制品时，农业技艺得到了巨大的提升。铜钱在公元前4世纪开始广泛流通，这也表明了经济的繁荣。

  在这一复杂历史时期里，中国技术的伟大可以由铜绿山古矿证明，这个矿址在1973年被发现于湖北省，在随后的12年里持续被发掘出来。矿址显示了从公元前700年起，这一原始的工业中心持续服务了人类近1 000年。数百个矿井在最初的时候是由竹子相连的，在矿井里有连续的熔炉，有1 000个采矿工具散落其间。这里还有复杂的通风系统。在挖掘中，人们还发现了当时抽取地下水的方法。这处矿址占地约20英亩（9公顷）。估计有80 000吨铜在这里由人工打造。

  正是这种技术和组织上的优势，与更强大的中华民族的统一性相结合，才让中国在公元前221年成为一个无比强大的国家，才让分散的中国因秦始皇统一法定度量衡而重新统一起来。

铜绿山古矿是古老的工业中心，它是由数百个矿井和火炉组成的。

以弗所出土的罗马马赛克装饰画。

古典时期以及欧洲的
早期文明

古希腊

上流社会痴迷古希腊文化。18 世纪，欧洲的贵族涌向希腊，就像在做"大旅游"一样。与此同时，学术界开始对希腊著名的民主和哲学进行争论。

奥林匹亚山是古希腊人最重要的宗教场所，也是运动和政治中心，对欧洲考古学家来说，这是某种圣杯一样的存在。古希腊人通过制作青铜和大理石雕像来庆祝他们的伟大运动员取得胜利，专家们相信，如果能找到古代奥运会举办地，他们将会发现"千古奇迹"。

到了 1723 年时，像法国学者伯纳德·德·蒙福孔这样的考古学家花了很多年来寻找遗址。事实上，奥林匹亚大部分的大型雕像在古时候已经被罗马人掠夺，包括著名的由伟大雕刻家菲迪亚制作的众神之王宙斯的金象牙雕像。

1766 年，英国业余协会委托年轻的建筑师理查德·钱

左图

18 世纪，修道士伯纳德·德·蒙福孔热衷于出版"古代生物"。

下图

马其顿国王腓力二世为了纪念公元前 338 年战争的胜利，将一座爱奥尼柱式庙宇矗立在奥林匹亚山上。

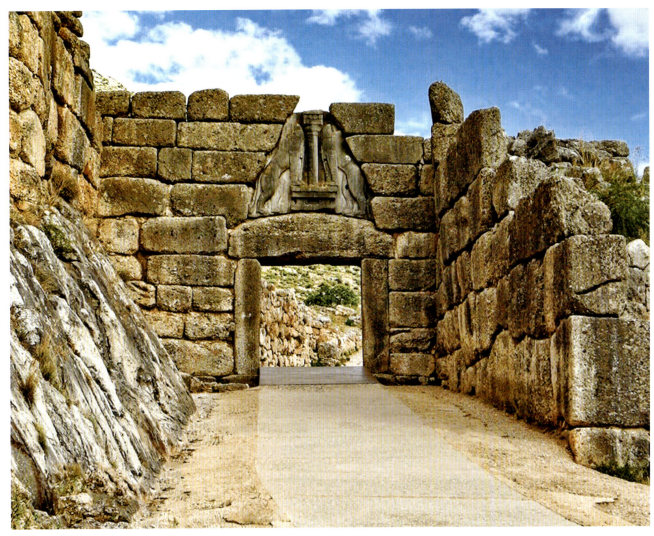

迈锡尼城的狮子门。

德勒尝试去寻找遗址。经过3年漫长的寻找，他在伯罗奔尼撒半岛的荒山中发现了一处废墟，它们隐藏在杂草丛生的葡萄园里。然而直到1829年，法国人才发掘了这个遗址，揭开了宙斯神庙的面纱。就像现在的传统，他们把最好的雕塑运回了卢浮宫。法国革命虽然促进了法希两国之间的沟通交流，但为什么那些自由、人民的所有权、人民的理想不适用于他们呢？

希腊在从奥斯曼帝国独立出来后，于1833年成立了希腊考古研究所，由文化部管理。然而，来自西欧国家的狂热兴趣使得希腊在19世纪中后期建立了许多研究机构，而1846年成立于雅典的法国学校是第一所机构。

事实上，这是由弗雷德里希、理查德·波恩和恩斯特·库尔提乌斯共同领导的德国团队，他们拥有对奥林匹亚山的独家挖掘权。他们接受了在迈锡尼工作的威廉·德普菲尔德的帮助，此人与海因里希·希姆莱合作对特洛伊城进行了考古研究，这让他成了青铜器考古研究的领先人物。后来，他在雅典发现了"百步神殿"。

希腊成为学者、艺术家、作家创作灵感的来源：诗人拜伦前往希腊独立战争中心的迈索隆吉城，并于1824年死于发热。每天晚上，未来的巴伐利亚国王路德维希一世

阿伽门农面具

这是万王之王的陪葬品，也是迄今为止考古学界最有价值和最令人震撼的发现。那张消瘦而高贵的脸极其自然地刻画在一块打磨过的金箔上，目前陈列在雅典国立考古博物馆。在这个面具之下的亡人（阿伽门农）是古希腊文学史上最强大也最黑暗的人物。此人是亚细亚的一位领袖，没有耐心、易怒，总是陷于争吵、顽固并且傲慢。他组织围攻了特洛伊城。为了战争的胜利，他向神灵献祭了自己的女儿。当他凯旋时，他的妻子暗杀了他。唯一的问题就是，这具尸体不是阿伽门农的。这座竖井墓确定形成于公元前1600年，比《荷马史诗》中记载的特洛伊战争早了300年。

阿伽门农面具。

都在大声朗读希腊文写成的最原始的福音书，旁边是荷马半身像。哲学家威廉·特劳戈特·克鲁格在他的文章中尝试建立了"亲希腊"社会，以便支持那些自愿前往希腊的人们和基督徒。三位伟大的德国诗人歌德、席勒以及荷尔德林也许是生活在德国，但支撑他们诗歌精髓的是希腊文化。

希姆莱在特洛伊和迈锡尼的研究成果激发了世人的强烈兴趣。他发现的"普里阿摩斯的宝藏"（见48页），也就是所谓的"阿伽门农面具"是最有价值的东西。

在德普菲尔德和希姆莱工作的同时期，牛津大学阿什莫林博物馆的新一代领导人阿瑟·埃文斯开始计划一场在克里特岛上对希腊前所未有的发掘工作。

作为一个忠诚的学者，埃文斯与希姆莱完全不同。他仍然处在《荷马史诗》中的"特洛伊"到底是真实存在，还是只是诗歌虚构之城的争论中。在特洛伊遗址中，埃文斯从未与希姆莱谋面。像希姆莱一样，他是一个富有的人。当他听到在岛上挖掘出精美的遗迹时，便完全被吸引了。偶然间，埃文斯在雅典的二手市场上得到几枚古怪的石头印章。这些印章像护身符般大小，雕刻精美，上面有一些未知的象形文字。他预感到，这些奇怪的文字就是发现过去文化的重要证据。

克里特岛卷入战争的事实也没有阻止他。由于他在新闻界支持新兴岛国，埃文斯获得了对这一在卡法拉山上遗址的独家发掘权。当克里特岛独立后，埃文斯于1900年用遗产买下了这处遗址。就在那里，

阿瑟·埃文斯爵士。

建立于公元前 447 年的帕特农神庙，是向雅典娜神献祭的场所，如今依然守护着雅典城。

他发现了让世界为之轰动的遗迹（140-141 页）。

埃文斯把他的一生都奉献给克诺索斯，即便如此，他也是大英博物馆和阿什莫林博物馆发展的关键性人物。

战争遗迹

你无须像专家一样了解入侵和军队占领对一个珍贵的遗址造成的破坏有多大：第二次世界大战中纳粹分子对华沙的犹太区进行的有预谋、有组织的破坏就是最为惨痛的教训。然而，考古学史上最令人难忘的事莫过于 1683—1689 年土耳其大战期间帕特农神庙几乎完全被摧毁。

即便在今天的遗址上，这座神庙依然是文明的象征，依然是对非凡的、璀璨的古希腊文明的高度赞美。然而，几乎不是这样的。

也许是相信那位威尼斯指挥官莫罗西尼并不会对如此重要的建筑进行破坏，占领这里的土耳其部队将帕特农神庙当成他们的军火库。让人痛惜的是，他们判断错了。在1685 年 9 月 26 日，威尼斯迫击炮围绕这里进行了直接打击，军火库发生了爆炸。这场爆炸发生在一处代表着古希腊最伟大建筑成就的建筑附近，使得这一建筑被夷平。占领军又开始磨掉落下来的大理石板以制造更多的火药。

米诺陶洛斯传说

在深红色海洋的中央，有一个被称为克里特岛的地方，那是一个富有而美丽的岛屿，四面环海——岛上有90座城市，其中最著名的城市是克诺索斯；每九年要求雅典人献童男童女到克里特岛的国王米诺斯，他与宙斯是密友。

——《奥德赛》（第 19 卷）荷马

《伊利亚特》和《奥德赛》，记载了一个关于英勇史诗以及漂亮女人的故事，这成为西方文明的基础。在希腊传说中蕴含着诱惑的思想：曾经有一个荒凉的孤岛，是神话之神的故乡。恐怖的故事使其笼罩上一层迷雾：伊卡洛斯，那位飞得离太阳太近的神；杀死米诺斯国王之子人身牛头怪兽提修斯，那个怪兽被称作米诺陶洛斯，由米诺斯安置在一座迷宫中。在神话中，宙斯出生于克里特岛。

1900 年 3 月，埃文斯开始了对克诺索斯的挖掘。有一天，当地的一位工人突然失声惊叫。他喊道，他发现了"黑暗魔鬼"，他边叫边躲开了他从土里拔出来的那颗邪恶的头。那颗有着两只黑红的眼睛、一对巨大镀金的弯曲的角、长着褶皱的牛头正凝视着他。那天发现的这颗由珍稀石头以及珍珠母制成的大牛头，已经存在超过 3 500 年了。

这一戏剧性的发现，使得埃文斯确信自己发现了神话中的米诺斯国王的真正家园。更多的文物以及壁画碎片告诉他，当时居住在克诺索斯城的人们有着公牛崇拜习俗。逐渐显现的迷宫确实非常古老，比雅典城、辉煌的帕特

上图

在克诺索斯发现的牛头角状环。

农神庙的历史还要久远，是在古希腊最为繁盛的公元前 450 年建造的。

埃文斯挖掘出一个完整而失落的文明，它由许多美丽的艺术品证明。这里的壁画描绘了一个复杂的文明社会：描色的舞蹈、游泳、音乐、杂技公牛跳以及娱乐画面。挖掘出的文物最早可以追溯到公元前 1900 年，但是建立在一个更为古老的建筑废墟上。克诺索斯与古老的埃及金字塔同样古老：与公元前 2575 年—前 2134 年的古埃及王国是同一时期。

这座由整石墙建造的青铜之城无论在尺寸上还是面积上都是不朽的。这里有许多神庙，一个在地板中央有红色嵌板的正殿。这个颜色是与地下世界相连的颜色。

在被埃文斯称为"双轴大厅"的屋子里，有一处拥有 11 道双层门的内部私人场所，在这里，他发现了许多专家争论不止的王座的溶解剩余物。这座王座不是放置在石头台子上，而是放在有着四个凹槽的木头塔上。

根据发现的越来越多的证据，包括用早期文字书写的泥板，埃文斯意识到住在这里的居民生活非常奢侈。宫殿中有流动的水、澡盆、光洁的玻璃。男男女女都佩

克诺索斯国王宫殿壁画上的细节。

戴着异国的珠宝，并且化着妆。男人们佩戴着用于某种仪式的头巾，穿着光鲜的短裙；同样是为了某种仪式，妇女们的乳房裸露在外面。克诺索斯华丽的壁画显示了高超的艺术修养，这里包含了世界上第一幅关于风景的自然主义绘画。

这里还拥有地下污水排放系统，世界上有记载的第一个抽水马桶，以及巨大的仓储系统，里面存放着大量的财宝。最让埃文斯激动的就是关于史前文字的发现，这一文字目前被称为 B 类线形文字，它形象而生动地证明了这里

拥有先进、文明的社会系统，成为地中海青铜文明的中心。

这是具有划时代意义的挖掘。全世界的报纸媒体都在大肆宣传这一让人激动的新闻。

当埃文斯疲于编写考古发现成果时，他的助手邓肯·麦肯齐对每天的挖掘工作做了详细的记录。然而用现代的观点来看，尽管埃文斯的方法是引人瞩目并且非凡耀眼的，但依然是草率的。他把先入为主的想法强加在一起，企图迫使证据成型。这些独特的、原始的、有着黑顶的红色柱子是目前这处遗址的标志，是用现代混凝土建成的，是埃文斯重建计划中的一部分。虽然这是有根据的推测，但也只是推测。很久以后，已经无法知道哪些是原始建筑，哪些是后来重建的。学者们只能一次次重新回到挖掘地点，尝试重新解释埃文斯和麦肯齐最初发现的地址以及发现的内容。

目前，关于米诺斯的考古发掘取得了长足的进步。埃文斯当年拼命想要证明的米诺斯王国的宏伟皇家宫殿，确实是一处宗教圣地，或者说是一座庙。尽管克诺索斯拥有一个非常强大的君主，他或者是她，更像一个宗教领袖，是一位"太阳月亮王"。古米诺斯人经常接受女性祭司的领导。

具有讽刺意义的是，尽管埃文斯是第一个发现那些神秘的、被称为 A 或 B 类线形文字的人，但他从未能解析出这些字母。尽管他的余生都在尝试这样做。

米诺斯文明难道是亚特兰蒂斯失落之城神话的灵感来源？在米诺斯自己的美妙故事中，新的考古学和地质学信息证明了米诺斯文明是由具有超强毁坏性的巨大海啸毁灭的。这场海啸是由位于锡拉岛（现在的圣托里尼岛）的火山岩喷发所引发的，它袭击了克里特岛，随后让伟大的米诺斯海上帝国四分五裂。

埃文斯的重建十分坚固，但这样对吗？

在接下来的 150 年里，这个建筑忍受着进一步零星的破坏。直到 1801 年，埃尔金伯爵买下一些幸存的雕塑和雕带，然后把它们用船运送到伦敦。

关于是否应该把雕带还给希腊人的争论仍在继续，但至少现在它们已经被很好地保存了下来。其他世界级的考古遗址就没有这么幸运了。

国王的馈赠

在如今的土耳其，以弗所最初是在公元前 10 世纪，由处于被雅典人殖民时期的爱奥尼亚希腊城建造的。在吕底亚王的统治下，它成为世界上最富有的城市之一，同时是一座高度文明的、女人和男人享有平等权利的城市。据记载，这里出现了女艺术家、女雕刻家和女教师。

这座城市因为完成于公元前 550 年的巨大的阿尔忒弥斯神庙所闻名。同样著名的还有罗马建筑塞尔苏斯图书馆以及拥有 25 000 个座位的圆形剧场。神庙中的白色大理石建筑成为古代世界的七大奇迹之一。在罗马共和国的统治下，许多以弗所建筑就像当时的罗马一样，被 263 年的哥特人所摧毁。保留的遗址非常壮观，每天吸引着游客涌向这座废弃之城。

近年来，一个考古学国际组织开始对这一建于 1—2 世纪的巨大富饶城市居民区进行挖掘，这片区域就在塞尔苏斯图书馆附近。整个 43 000 平方英尺（4 000 平方米）的遗址，都有着让人惊讶的防水屋顶，这个屋顶能够吸收

教堂建筑"女像柱"

在雅典的教堂建筑中，有 6 根起支撑作用的大理石"女像柱"。由于伯罗奔尼撒的城市卡律亚选择支持波斯人，因此在胜利之后，雅典人对当地居民展开了残忍的追击，把所有的男人都杀死了，把女人卖作奴隶，在雅典卫城留下了他们永远的苦难。

外界 90% 的光线，却能阻挡外部热量的进入。考古学家需要他们能得到的所有帮助和舒适性。他们面临着一项巨大的任务：一队人马要恢复一块大理石板，就必须组合 120 000 块小碎片，这些小碎片大部分都是同一个颜色的。2016 年，在奥地利和土耳其之间的外交纠纷过早地用政治手段终止了这一工程。

334 年，亚历山大大帝把以弗所从波斯人手中解放出来。亚历山大大帝就这样建造了世界上最大的帝国，帝国横跨三个大陆，面积约 2 000 000 平方英里（5 200 000 平方千米）。亚历山大大帝下令重建了阿尔忒弥斯神庙，但是被一个疯子放火烧毁了。亚历山大感受到和它的某种联系：它在他生日的那天晚上就被破坏了。

亚历山大大帝突然去世于巴比伦，年仅 33 岁，原因很复杂，这也是迄今为止最为神秘的事情之一。这位军事领袖如此强壮、如此能干，以至于他带领的部队都把他像神一样尊重。他是死于疟疾或中毒吗？据记载，他死亡的时候没有发生呕吐。神奇的是，尽管当时酷热难耐，但在死后的 6 天里，他的尸体没有出现腐烂的迹象。据推测，他死后葬在埃及，但是没有留下任何遗址，这让考古学家们至今都无法解决这一争论。2012 年，有一座非常巨大的坟墓在希腊北部安菲波利斯的卡斯塔丘上被发现了，这个地方距离亚历山大舰队靠岸的爱琴海港口很近。坟墓很大，拥有厚重的围墙，围墙是用萨索斯岛上的大理石砌成的，有 1 630 英尺（497 米）长。对整个坟墓的挖掘持续了很多年。

很明显，埋在这里的是一位重要的人物。它的顶部有狮子雕像，从海面上就能清楚地看到。到目前为止，资金支持只够挖掘两年。挖掘机试图将坟墓内部进行固定，挽救那些因湿气而被损毁的壁画。

这是亚历山大的坟墓吗？或者是为了亚历山大童年伙伴及挚友赫费斯提翁修建的？像亚历山大一样，公元前 324 年，赫费斯提翁在伊朗的埃克巴坦那因一种不确定的疾病突然去世。

以弗所遗迹成为旅游热门地区。

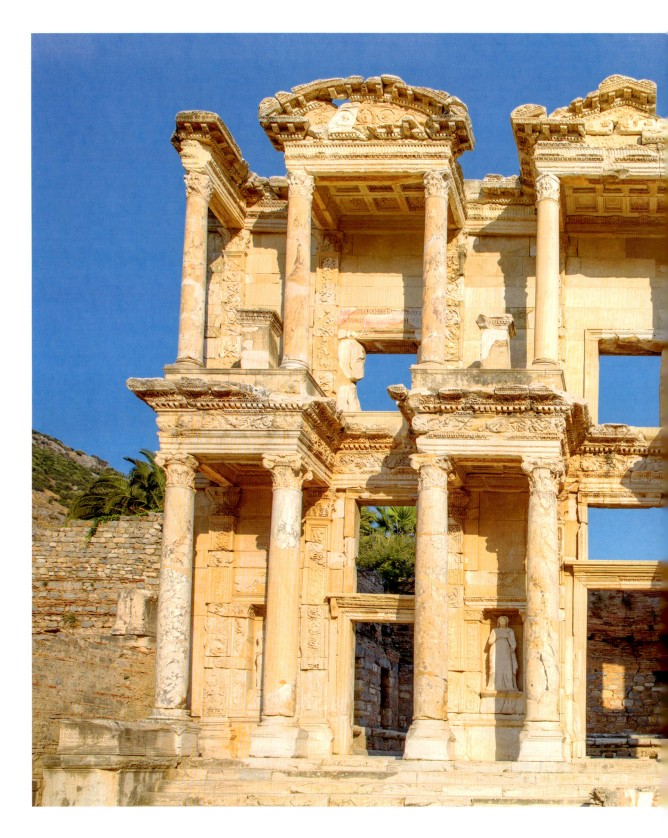

安菲波利斯的考古学代表凯特琳娜·佩里斯特里确认
这处坟墓是纪念赫费斯提翁的：这里的一面墙上有一处由
亚历山大大帝亲自书写的铭文，是在公元前325—前300
年之间建成的。这就是必然的结果。由于抢夺者的破坏，
地层已经被破坏，大部分文物也丢失了。加速器质谱法会
告诉我们关于坟墓里骨骼的更多信息，但是这一工作需要
多年的努力。

不会停止的故事

希腊拥有如此悠久的历史，考古学家很难在世界上找
出另外一个更为富有的地方。辛辛那提大学的一队人马在
皮洛斯的内斯特发现了称为格里芬战士的坟墓。在这个迈
锡尼贵族的遗骸周边，围绕、覆盖着青铜器、银器及金器，

这证明了这个贵族的社会地位，也向人们介绍了当时男性的丧葬程序。

2016 年，哥德堡大学的一队瑞典考古学家在距离雅典北部 5 小时车程的弗洛克斯村发现了一处 2 500 年前的城市。

亚历山大大帝。

发现于一处橄榄林的格里芬战士墓，拥有无与伦比的宝物。

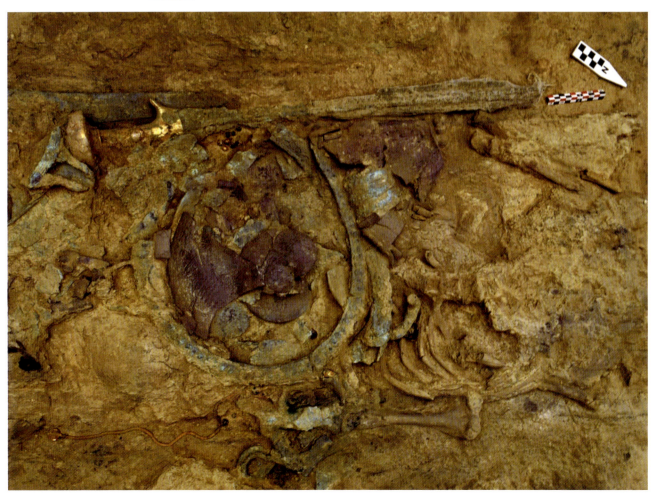

古罗马

　　要把几千年的罗马历史浓缩在一个章节是不太可能的，但是那位拥有举世瞩目公共浴室的卡拉卡拉国王，在当今却得到特别的关注。卡拉卡拉的公共浴室对所有人都是免费的，里面还有一个图书馆。

罗马皇帝竞相建造的辉煌建筑，于212—217年完成，里面设计惊人，温泉水可以通过导水管进入城市。

梅迪奇别墅的罗马浮雕。

　　212年，卡拉卡拉颁布法令，宣布从西班牙到锡拉库扎，从不列颠群岛到埃及的广大土地上，所有的罗马自由民都是正当的罗马公民。一夜之间，各个省份超过3 000万的人们成为罗马合法公民，这是世界史上最大的一次公民权获得事件。

　　有些人认为这看起来很奇怪，但是罗马用一种独特而适当的方法阻止了这条法令变得危险。对西布莉的崇拜，

是罗马向安纳托利亚扩张的一个意想不到的成果，最初被认为是一种颠覆性的，甚至具有威胁性的崇拜形式。然而，圣母的庙宇最终在罗马中心的帕拉蒂尼山结束。最近的研究结果显示，罗马第一任皇帝奥古斯都，并没有减少祭仪，也没有削弱神庙的权利，而是增加了神庙的台阶，并且完全地修缮了它。

公元前753年	公元前509年	公元前264年	公元前183年	公元前73—前71年	公元前58—前52年	公元前46年	公元前27年
罗马成立	罗马成为一个共和国	罗马完成了对意大利的征服	汉尼拔去世	斯巴达克斯奴隶起义	尤利乌斯·恺撒攻克高卢	尤利乌斯·恺撒称王	奥古斯都成为皇帝

基础建设

像这样的一座城市，让人惊讶的是到底有多少东西可供世人研究，但是罗马从未让世界失望过。传说，双生子罗穆卢斯和雷穆斯于公元前8世纪建造了罗马城。在一次关于到底是谁获得了神灵帮助的争论中，罗穆卢斯杀死了雷穆斯。现代考古学技术向世人展现了新的发现：使用在工程中普遍使用的螺旋钻技术，考古学家确信双胞胎的第一个家，也就是"卢佩尔卡尔之洞"，深埋于帕拉蒂尼山的蜂窝状山顶之下。

19世纪，贾科莫·博尼重新发现了一处古代铁器时代的圣地——拉皮斯·尼日尔。在罗马帝国中，这里是罗穆卢斯遭遇悲惨结局的地方，元老院成员在这里刺杀了他。关于这些事情的记录不是太清楚，但是在描述中还是能看出这里是传统的公众的神圣之地，是早期统治者用来召集居民的场所。

在昏暗的被埋葬的神庙内部，博尼发现了一块雕刻着文字的石头，上面从左到右，又从右到左书写道，"就像公牛在犁地一样"。这是被发现的最早的拉丁文字。没有人能够完全解译这些文字，但是上面清晰地刻着"国王"字样。

奥古斯都著名的罗马广场就围绕着这片神圣的场所上方建成，长期以来被人们认为是罗马城建设的基础。最近，一队意大利考古学家利用激光扫描以及图像技术在历史的挖掘中发现了这里地下最古老的墙壁，同时运用现代技术重新确定了周围陶器碎片以及谷粒的年代。这队人马认为他们推动了永恒之城的发现，这可以追溯到几百年前对罗穆卢斯和雷穆斯的故事的记载。

罗马人设计的技术，以及设计的美妙、精巧和坚固性

上图
一度丢失，刚刚被发现吗？一只在卢佩尔卡尔养育罗马建国者的母狼。

左图
神秘的黑色大理石。

公元前27年	60/61年	83年	117年	212年	325年	410年	476年
罗马帝国称霸	布狄卡抵抗	阿格里科拉完成了对英国的征服	罗马帝国进入鼎盛期	罗马自由人获得公民身份	君士坦丁皈依基督教	西哥特人攻击罗马	西罗马帝国结束，古罗马覆灭

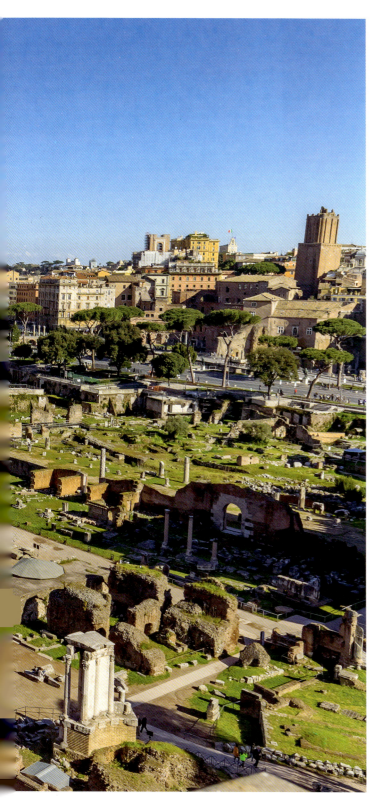

依然持续让我们感到惊讶。这是对世界最大的贡献。在罗马的省份中，那些井然有序的城市是向世界传播罗马精神的最有力代表，这里面包含着罗马利益以及价值观的思想。在罗马，卡拉卡拉浴室继承了罗马建筑的传统，被建造得很大：拥有大竞技场、华丽的郊区别墅、圆形大剧场，是用来记录尼禄奢华个人生活的场所，以及一个金屋子。罗马是一座黄金、大理石、青铜器之城，但是它的军队却比旧皮革还坚韧。在罗马城伟大的城墙和高塔之外，帝国绵延了 1 931 000 平方英里（5 000 000 平方公里）。没有人能够想象这座伟大的城市会毁灭，并且彻底毁灭。

卡拉卡拉去世 200 年之后，410 年，西哥特人攻击并洗劫了这里。几个世纪里，这个壮丽的广场第一次成为农民放牧牛羊、种植葡萄的地方，成为爬满了蟾蜍和毒蛇的沼泽之地。奶牛在喷泉上喝水，曾经装饰着大量石头的圆形大剧场成为教皇取石的地点。罗马回应着肮脏的台伯河两岸出没的夜鸟的叫声。

法庭：罗马帝国的经济和宗教中心，也是世界上最著名的聚会场所。这里最初被沉积物埋藏在泥中，直到后来被意大利修道院院长以及古代专家卡洛·费阿于 1803 年挖掘出一道拱门才公之于众。

上图

为了享乐而修建于蒂沃利的哈德良别墅。

左图

万神殿，看上去是为诸神而不是为了单一的神准备的神殿。它于2世纪建造于哈德良，它巨大的圆屋顶是世界首创。在光照下，内部呈现出神圣的对称性。

4 世纪大竞技场的数字化重现。这是罗马最大、最早的战车赛场，同样也用于大型宗教节日。

数字化的罗马

罗马是一个多层次的城市，被学者称为"变余结构"。对初次来访者而言，它是一部难解之书。这是现代的罗马、18 世纪的罗马，以及文艺复兴时期的罗马的集合体。这里还有独自建城的罗马教廷梵蒂冈。古代的遗物是什么？奥古斯都国王下令把这座由砖砌成的城市变为由大理石建造的城市，这使得这座城市更加漂亮。

从文艺复兴时期，艺术家、学者、建筑师以及后来的考古学家，都尝试去解释这座城市的复杂结构。现在，在数字技术以及大量专门研究的帮助下，每个人都能享受到他们的研究成果。

罗马古代研究所（《古罗马城图志》）通过在交互式地图或者利用 3D 在线模型，使得在虚拟现实中探索超大型城市成为可能。尽管在未来他们希望能够研究其他时代，但是现在他们的关注点在奥古斯都时期。他们的目的在于创建一个精确的古猿社会，让人们可以身临其境。

这个场景有多精确呢？考古学家认为我们对历史的解释无法重叠，但是对罗马的新的虚拟图景并不存在于电子游戏中，他们尽可能地从研究中得到信息。从亚利桑那州立大学到宾夕法尼亚大学的一项被称为重现罗马的国家工程，关注城市特点，例如屋顶壮丽的万神殿。雷丁大学古典研究院的马修·尼科尔斯博士为整座城市创造了数字模型——就像 4 世纪时的样子。同时，加利福尼亚大学洛杉矶分校在伦敦建造了一个复杂的数字模型，这个模型显示每个建筑的细节，真是令人吃惊。

罗马圆形大剧场

罗马圆形大剧场向世人展现了罗马的强大及残忍。这个建造于70—82年的场所，被诗人马夏尔描绘成世界第八大奇迹，它代表着罗马建筑的巅峰。这个剧场可能被淹没于海战中，然后被重新修整成可容纳50 000人的场所。在这个排列整齐的壮丽拱门后面，罗马人杀死了成千上万的人，大多数人都是基督徒。最常用的伎俩就是把犯人放在跷跷板上，然后从地下室的天窗中释放一头饥饿的狮子。为了活命，犯人需要把他坐着的这端跷跷板抬向空中，然后尽量让对面的犯人被咬住吃掉。让野兽撕咬手无寸铁的犯人——由野兽定罪。

壮丽的建筑为考古学提出一个困难：应该在多大范围内挖掘？哪个时期应该重建，哪个时期应该被破坏？讽刺地说，罗马圆形大剧场被用于屠杀基督徒是这里免于被损毁的原因之一。1874年，当考古学家首次对这里进行挖掘时，他们移除了一个隐士和他的隐居地，连同黑色殉道者的十字架一同被移走了，这是皮拉内西永垂不朽的雕刻作品。基督徒开始抗议，在殉道者牺牲和遭受伤害的广场上虔诚祈祷。现在，我们可以看到地窖的范围、错综复杂的通道、在舞台下方的笼子。

右图

皮拉内西制作的殉道者十字架雕塑，放置在广场中央。

下图

今天的罗马圆形大剧场。

法国南部的加德桥。

利比亚：大雷普提斯圆柱的细节。

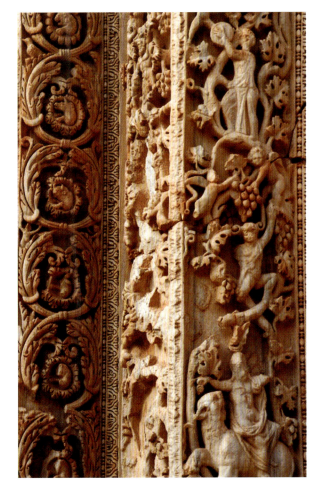

超越罗马

为什么罗马帝国如此成功，它又是怎样延续了500年的呢？纯粹的独创性发挥了很大的作用。在罗马帝国扩张达到鼎盛时期时，由图拉真国王和哈德良国王统治下的罗马版图几乎涵盖了现代欧洲地区；北非的海岸线地区包含埃及，土耳其的大部分地区、中东地区，以及现在俄罗斯的大部分地区。图拉真和哈德良事实上都出生于西班牙。

这种联合是在紧密的控制下实现的，这种社会控制拥有全国流通的货币，以及投资巨大的诸如水利工程和道路建设的建筑工程及基础建造。罗马吸纳了他们征服的拥有不同习惯、宗教以及文化的人们，最终把他们都变为自己的公民。

罗马拥有着超凡的现代文明。它的成就见于语言、法律、建筑、机械以及政治。许多建筑物都具有形态美，像大雷普提斯以及法国的加德桥，这两处都被联合国教科文组织确定为世界文化遗产。直到今天，我们对古罗马还有新的发现，就像在法国南部于泽发现的乌西塔城一样。

战争：罗马入侵英国

　　罗马人在克劳迪亚斯时期入侵英国。43 年，罗马帝国刚成立几十年，但是却进入了前所未有的扩张期。那些在罗马帝国西北部边缘的小而无名的岛屿会成为高效的罗马人的麻烦吗？是的。当一些英国部落之间产生争斗时，这帮助罗马人分割、统治了他们，许多部落在努斯和卡图维劳尼国王卡拉塔克斯的带领下进行了顽强抵抗，这个国王是库诺莱的儿子。

20 世纪 50 年代，大量的群众聚焦在伦敦街头，期待考古学家发掘密特拉神庙。

　　78—84 年，在阿格里科拉的带领下，罗马占领了英国大部分地区，但是当他被召回罗马后，英国的反侵略战争反复上演。值得注意的是，反抗斗争是由残忍的红头发凯尔特人布狄卡，那个爱茜尼女王所领导的。

　　60—61 年，苏维托尼乌斯在惠灵特大道战役中击败了布狄卡和她的军队。但是尽管如此，尼禄还是考虑放弃罗马对英国的统治：麻烦太多，收获太少。布狄卡的个人命运不太清楚，然而她应该是死于毒杀而不是投降。历史学家戴奥写道，对于一个像古代罗马那样的父权社会，"在罗马由一个女人带来的毁灭，让罗马人感受到了最大的羞耻"。

　　富有奇妙色彩的故事中讲述布狄卡埋葬于国王十字车站 8、9 或 10 号站台下方。这个时期的埋葬经常没有痕迹，特别是对那些死于战争的人更是如此。2012 年，在伦敦横木计划中，考古学家发现了大量的同时期的遗骸。这些遗骸成为已经发现的伦敦的密特拉神罗马神庙的又一证据，这座神庙是第二次世界大战时在敌人的轰炸下发现的。

这座神庙是由威廉·格兰姆斯在1954年挖掘的，由于当地的开放，他的工作非常紧迫。在成千上万个游客涌向挖掘地点后，温斯顿·丘吉尔干预了挖掘工作，并延长挖掘时间。最终，英国发现的一些最美的罗马雕刻被恢复了。

近来对占地3英亩（1.2公顷）的彭博社的重建给予重建密特拉神庙的机会，密特拉神庙就是于240年在这个办公楼的下方重建的。罗马控制时的伦敦，地平面比现在低23英尺（7米）。伦敦最大的考古挖掘地，发现了1世纪热闹的罗马大街，以及一条被埋葬的地下河沃尔布鲁克。

挖掘发现了一些装有仪式上埋葬的骨骼、金币、项链以及异教符号的陶瓷罐子。所有这些东西都在超过2000年的岁月里完好地保存在河床中。布狄卡和她的战士们沿着小溪把一面盾当作祭品送给众神，就像神奇的巴特西盾牌一样，想到这些就让人感到激动。1857年，这面漂亮的凯尔特作品——拉坦诺盾在泰晤士河丰富的泥沙中被打捞出来；考古学家认为这是一件祭祀用品，随之发现的还有许多属于罗马时代的遗骸。

左图
不是罗马制品，而是凯尔特人制品——巴特西盾牌。

下图
由雕刻家托马斯·托米克罗夫特制作的伟大的战争女王和她的女儿。

布狄卡

塔西佗告诉我们，在60—61年，在布狄卡反抗罗马人对爱西尼（今天的诺福克）的殖民统治时，罗马人公然鞭打了布狄卡，强奸了她的女儿。布狄卡愤怒了。爱西尼人把罗马人占领的科尔切斯特（今天的科尔彻斯特）和伦敦彻底烧毁，并杀死上千人。地质层中清晰的烧毁痕迹证实了这个事实。在科尔彻斯特的挖掘工作表明，爱西尼人摧毁了罗马的一切。即使是难以被烧坏的建筑用的黏土，也被一点一点地毁坏了。爱西尼人抓获每一个通敌者，并且全部杀死：专家把这场屠杀比作种族清洗。布狄卡同样烧毁了维拉米乌（今天的圣奥尔本斯），但是考古学上没有太多的证据表明这一切。

文德兰达木简

文德兰达木简给人们提供了了解罗马帝国边远地区居民和士兵生活的最好的视角。那时哈德良长城依然把英格兰和苏格兰分隔开来。在长城被建立起之前，这些最早的堡垒完全都是孤立的。文德兰达的堡垒最早出现在85年，建成于92年。这些有铭文的木头碑，是在指挥官的宅邸附近的水渠里的碎石堆中发现的，它们记录了这座堡垒在92—102年扩建的信息。

一片木简上轻蔑地描写了英国人，这些语言听上去像是表达了他们还是英国厉害的敌人："英国人没有盔甲。他们有许多骑兵。这些骑兵不用宝剑，另外这些矮小的可怜的英国人也不爬到马背上去投标枪。"然而，大多数木简上的文字都给了人们一种岁月静好的感觉。如果这座长城主要的目的不是阻止"野蛮人"，难道是限定出帝国这个政治体的边界吗？这样一来，就能相应地征税和制定关税。

木简上有一条著名的消息，一个百夫长的妻子克劳迪娅·塞韦拉，邀请她的妹妹莱皮迪加入政党。在另外一块木简上，一个不知名的士兵接受了一个补给包，上面有些文字："我送给你，一双来自萨图亚的袜子、两双凉鞋以及两条裤子。"这听起来像来自他的妈妈或者是妻子的信息，似乎是她们像担心英国的天气一样担心士兵保护长城的工作。

在伦敦彭博社（密特拉神）的挖掘同样出土了一系列新的木简，比文德兰达的这些还要早。从历史学角度来看，其中最重要的木简就是一片物资运送记载。上面写着，有20辆货车装载着补给在62年10月22日从圣奥尔本斯运

偏远的罗马：诺森伯兰郡荒野上的罗马边陲要塞。

送到伦敦。塔西佗认为，布狄卡的叛乱可以追溯到61年，但如果圣奥尔本斯和伦敦都被夷为平地，就会造成巨大的人员损失，这两座城市似乎不太可能如此迅速地恢复元气。木简上记录的时间说明了布狄卡的叛乱发生的时间要早一些。无论确切的真相是什么，材料的分离方式、考古学和历史学的证据，都是一种有趣的制衡。

文德兰达木简证明在罗马统治时期的最早年代里，伦敦的这一区域就已经成为当时英国的贸易和经济中心。这里有超过405块木简，许多木简上面记录着经济贸易信息。

西罗马帝国于5世纪覆灭，但是在这之前，罗马对英国的影响已经持续了一个多世纪，同时，罗马对英国的馈赠始终影响着英国乃至整个欧洲、北非以及无数个近东国家。

北方之王

　　随着罗马帝国的消亡，欧洲进入一个分裂时期，经济衰退加之频繁的战争让欧洲进入中世纪黑暗时代。当罗马帝国权力倒台时，新的势力填补了空缺。在北欧，斯堪的纳维亚半岛上的北欧人在基督教的大多数区域生根后进入他的邻国开始烧杀抢掠，并且开始对周边国家实行殖民统治。地方政治和军阀努力让自己成为帝国覆灭之后的自然继承人。关于这一时期的记载非常罕见。为了了解这些维京人的世界，我们需要借助考古学。

诺森布里亚，林迪斯法恩的本笃修道院遗址。

偷袭者和贸易商

　　长发短裤朗纳、血斧王埃里克、无骨者伊瓦尔、红发埃里克，这些名字读起来就像是流氓无赖。或许维京人从事和平的贸易，热爱美丽的传说，可以处理闪亮的金属，也是技术好的农民，然而他们依然是一些残忍而凶暴的强盗。

　　直到现在，考古学家和历史学家都认为793年是维京时代的开端，在这一年，维京人掠夺了林迪斯法恩的霍利岛（在英格兰北部）。但是，2008年，在爱沙尼亚萨拉马岛上进行电缆铺设工程时，人们偶然发现了两艘维京海盗船，这一发现挑战着这一理论。塔尔图大学考古学家

玛吉·康萨领导了对第一艘船的挖掘工作，发现了7个18～45岁的男性遗骸，这些人身上还带着各自的刀、磨石以及骨梳。他们都是突然去世的。

　　对船上木材的碳-14同位素测定的结果让人惊讶：这艘船没有桅杆也没有帆，是在650—700年制造的，早于林迪斯法恩袭击100多年。这艘船在这次航行之前，已经经历过数百年的使用和数次维修。

两年后，来自塔林大学的树里·皮茨在附近发现了另外一艘第二大的维京船。和第一艘船一样，它的木材也已经腐烂；但是它埋在泥土中的影像以及铆钉和铁钉存在的位置表明这艘船有大约55英尺（17米）长、10英尺（3米）宽。它拥有航海必需的龙骨，皮茨相信船上有桅杆和帆。如果这是真的，第二艘维京船就是在波罗的海发现的最早的帆船。

在这里，亡人的埋葬方式有重大意义：5个士兵身着华丽装饰，佩戴双刃剑置于坟墓顶端。墓主身上佩戴着粗糙而单一的武器被放置在底部。这一丧葬等级制度表明维京部队是由精英领导的。其中一个领袖——可能是国王——在嘴里衔着一片乳白色的海象牙。这里还有羊、牛的骨头以及狗的一具遗骸。这些狗是宠物狗还是攻击狗？还发现了一具苍鹰和雀鹰的骨架，像是在海边被用于狩猎游戏的鸟类。

没有人知道这些人是死于来自岸上的疾病还是与挪威人的战争。无论他们因何而亡，幸存者匆忙地埋葬了他们。

上图

安放在丹麦罗斯基勒维京海盗船博物馆里的1世纪的维京船。

右图

在爱沙尼亚对维京船的挖掘中发现的双刃剑。

人们寄希望于同位素测定法来确定他们生前所属的年代。

怀恨的敌人

在林迪斯法恩袭击之后，维京部队让英国海岸陷入恐慌，他们沿着海岸线劫掠，抢劫了所到之处的修道院。然而,这些只是季节性的抢夺——每到冬季，他们就回到家乡尽情享受这些战利品。

865 年，这一切都改变了。一队挪威部队到达英国海岸，开始了对这里的进攻，这支部队被他们的对手盎格鲁－撒克逊人称为"维京雄狮"。根据维京萨加的记载，心怀复仇之恨的朗纳·洛斯布罗克的儿子们可以克服他们之间的不足而击败他们的英国对手。他们征服了诺森布里亚王国、麦西亚王国以及东安格利亚王国，只有韦塞克斯免于他们的淫威。最终在 878 年，阿尔弗雷德大帝打败了这群北欧人，制止了这次战乱，但是这只是暂时的。1974 年，马丁·比德尔和伯瑟·科尔拜－比德尔在德比郡开始了对雷普顿的圣威斯坦教堂的挖掘。根据《盎格鲁－撒克逊编年史》，这座小镇在 873—874 年是伟大部队的冬季补给地。在这里，他们在地下发现了一具装饰有雷神之锤饰物的尸体，尸体的头盖骨和脊椎上都有枪伤。在这附近，他们又发现了至少 250 具尸体；他们相信，在中间的棺材里安放着传说中的维京勇士无骨者伊瓦尔。在英国各地发现的大量坟墓在细节上展现了曾经发生在古挪威人和盎格鲁－撒克逊人之间的冲突。在韦茅斯附近的山脊上，有一处容纳着 54 具尸体的墓穴，可以追溯至大约 1000 年，这是在 2009 年被发现的（见 164 页图片）。同位素分析法证明了这些人是斯堪的纳维亚人的祖先——这也是维京部队走向血腥结局的证据。

上图

阿尔弗雷德国王雕像，陈列于韦塞克斯王国的首都温彻斯特。

左图
民俗学和神话故事中提到的与亚瑟王联系紧密的康沃尔地区的廷塔杰尔。这座小城市外面的悬崖上的城堡被认为建于 1140 年。

下图
亚瑟之石成为与亚瑟王产生联系的争论的焦点，但是学术界依然在怀疑这块石头的重要性。

亚瑟王

　　亚瑟王确实存在过吗？流传于英国的关于他的故事令人叹服。故事传说在 5—6 世纪，他领导了反对撒克逊人入侵的战争，但是那部人人传颂的、由蒙茅斯的杰弗里完成的关于中世纪神职人员的奇怪传说却没有多少证据对此进行佐证。对这位著名将领的简要记载出现在副主教的《英国人的教会历史》以及《英国历史》当中，这些内容多数是虚构的。根据传说，康沃尔的廷塔杰尔是亚瑟王的出生地。20 世纪 30 年代，属于这一时期的陶器被罗利·拉德福首次发现，但是直到最近才对这个地方进行了主要考古挖掘。1998 年，一块刻有"亚瑟"铭文的石头在这里被挖掘出来，这才让考古学家第一次推测这可能是这位传奇的国王存在的证据。2016 年，康沃尔考古所和英国文化遗产保护机构联合工作，挖掘出 6 世纪的宫殿墙壁。他们不仅发现了 6 世纪

的宫殿，而且发现了超过 150 块玻璃碎片和陶器碎片，这些碎片生动地记录了当时的国家间贸易。土木研究证明这里有 100 处建筑物。无论这里是传说中亚瑟王的出生地，还是杜姆诺尼亚国王的宫殿，在廷塔杰尔的挖掘工作都揭示出黑暗中世纪的许多秘密。

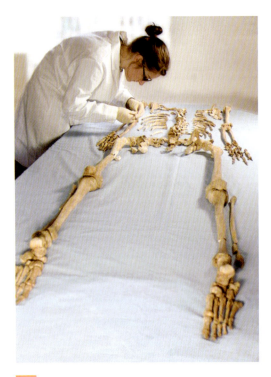

现在的考古学家可以利用受伤部位、情况以及其他特点详细地研究骨骼，这样可以让我们对过去的生活有更多的了解。

海外探险

维京人曾到过远离家乡斯堪的纳维亚的地方。考古学家有大量证据可以证明他们去过法国、意大利、伊比利亚半岛和俄罗斯。艾琳·加西亚·洛斯奎因博士对几个在加利西亚岸边海水冲刷出来的矛展开过研究。这里就在一处维京高地附近，是与英格兰和爱尔兰维京营地最相像的地方。过去的考古学家并没有过多地关注在伊利比亚出现的维京人。目前，这些情况发生了改变。

1997年，在俄罗斯西部的拉多加湖发现了9世纪的维京聚居地，里面包括斯堪的纳维亚珠宝以及被烧毁的维京工作间。在达尔纳贾海湾，发现了一艘10世纪的船舶。俄罗斯最大的维京考古点位于格涅兹多沃，在斯摩棱斯克城第聂伯河岸边。1867年，当一处存有金银珠宝的储藏室被发现后，这个拥有3000多座墓葬的考古点开始被挖

德比郡雷普顿发现的维京坟墓里发现一名战士躺在他的工具和武器旁边，包括这把剑。

掘。从对珠宝和兵器以及其他的文物进行的研究中不难发现，这里确实就是维京人墓葬。但是，拜占庭和阿拉伯硬币同样显示这里是一个重要的国际贸易港口。斯拉夫和希腊人把维京人描述成"瓦良格人"，这些人在俄罗斯河流上航行，就像他们在欧洲其他地区那样一边袭击一边交易。最终，一队维京人在当地定居，成为基辅人的祖先。通过俄罗斯，维京人进入希腊以及中世纪欧洲最富饶的城市君士坦丁堡。在圣索菲亚大教堂（之前是教堂和清真寺，现在是博物馆）的大理石阳台上，有两个用如尼文刻写的维京名字。

在多塞特的韦茅斯附近出土的维京乱葬岗。

海上之王

在德本河的控制之下，萨顿胡遗址向人们讲述了一个高度奢侈的文化，这里的人们把海洋当成自己的丝绸之路。

左图

1939 年，在萨顿胡遗址周边对英国维京沉船开始挖掘。

右图

精美的萨顿胡头盔，被认为是该址出土的最耀眼的文物。

下图

萨顿胡储藏室里发现的大金皮带搭扣，雕刻有复杂交错的花纹。

在第二次世界大战前一个夏天的夜晚，伊迪丝·普雷蒂凝视着窗外，她发现好像有一队幽灵般好战的部队穿戴着盔甲穿过外面的广场。她匆匆赶往伊普斯威奇最近的博物馆，在那里她邀请一位当地自学成才的考古学家巴兹尔·布朗来调研她家周边的菱形土丘。1938 年，布朗开始了研究工作，决定对最大的一号土丘进行挖掘。他的发现改写了英国考古史。土里埋藏着最引人注目的大艇，里面的东西都属于伟大的撒克逊国王雷德沃尔德。这是一艘真正的远洋木船，有 88 英尺（27 米）长，铆钉还留在原来的位置。

盎格鲁人、撒克逊人、朱特人、弗里斯人在 5—6 世纪曾入侵英国，这些土地慢慢地变成了英国领土。他们在战争中的这几位国王，有时候会被外界承认是不列颠共主，或者是"最高权力的国王"。横跨传说和历史的边缘地带，雷德沃尔德就是其中一个国王。

那艘富有传奇色彩的珍稀船只证明了维京文化中包含了高水平且复杂的手工技艺。遗址中发现一柄权杖；一些华丽的金色的、暗红色的景泰蓝珠宝，有着华丽的石榴石以及金质的肩扣；在下一个世界中使用的家用物品；一把庄重的、有焊接图样的剑，它的剑鞘上镶嵌着一个复杂的十字架以及伞状图案。更加引人注目的，是一个铁和青铜制成的作战舱以及一个巨大的首领盾牌。头盔是 5 种文物中的一个，设计精巧、华贵无比。

在萨顿胡还出土了叙利亚的斗篷、拜占庭银币及非洲的碗，这些发现证明了这里有繁荣而自信的商业文化，夹杂着真正的大陆眼界。

黑暗中世纪的绚烂文化

黑暗中世纪的考古学宝藏遍布全世界。从盎格鲁－撒克逊人放有大量珠宝和耀眼硬币的储藏室到横跨大西洋的维京人聚居地，考古学家发现世界是由贸易、战争、文化交流连接而成的，这让黑暗中世纪成为最令人厌恶的错误名词。在不久之后的少数作品中，这一文化所保留的东西不可思议地展现在世人面前。通过在廷塔杰尔地区的挖掘工作，加利西亚和格涅兹多沃继续摸索维京时代的秘密，尽力区分神话和真实存在。

上图
古代涂鸦：在君士坦丁堡（现在的伊斯坦布尔）圣索菲亚大教堂里用维京如尼文书写的名字。

兰塞奥兹牧

11世纪，在加拿大的纽芬兰地区的兰塞奥兹牧发现了维京人居住点，证明在克里斯多弗·哥伦布之前，北欧人就已经发现了北美大陆。列夫·埃里克森在1000年左右首次在这里登陆，将维京人定居地命名为列夫的营地，并对这里展开挖掘。在挖掘中，他发现了与同时期的格陵兰及冰岛上的维京人居住地建筑形式一样的长屋和工作室，证明同时代的斯堪的纳维亚制铁业已经开始发展。考古学家在兰塞奥兹牧南边300英里（483米）的罗西港发现了第二处疑似维京人居住点。

上图
在纽芬兰昂斯·梅多斯发现的古老的维京人居住点，隐藏在一片浓密的绿色屋顶下。

上图
挪威考古学家安妮·斯泰恩·莫·英斯塔德，她于1960年在兰塞奥兹牧发现了维京人居住点。

7 世纪，具有早期旺代风格的维京胸针，上面镶嵌着景泰蓝和宝石。

古代玛雅雕刻细节。

美洲考古发现

历史的重写

在北美洲，直到5世纪，历史都没有文字记载。因为没有文字记载，所以在这片土地上进行的考古就成了了解过去的关键。诸如赛勒斯·托马斯和弗雷德里克·帕特南之类的先驱，逐渐揭示了在地下隐藏的丰富文化。

谁是美洲最早的人类，他们是在何时、以什么方式到达这里的呢？直到现在，人们都相信早在14 000年前，这块大陆上没有任何人类。但考古学新发现把这一时间又提前了。美洲大陆是人类历史上最后一块殖民地。最先到达这里的人是基于什么原因、以什么样的方式、在什么时间到达这里的呢？

这块大陆气温很低。北美大陆上覆盖着大量的冰层，这里储藏着世界上最多的淡水，当时的海平面处于400英尺（约120米），比现在的要低。那时宽广的海底延伸出来，岛屿不成为岛屿，而是成为半岛。大概13 000年前，人类穿过连接阿拉斯加和俄罗斯的大陆桥，向南方进发。这些史前山谷——现在叫白令陆桥，隐藏在白令海峡的水面之下。

在育空北边蓝鳍河的上方，有一系列石灰岩洞，这些引起了考古学界的大震动。20世纪70年代，雅克·辛克-玛尔斯研究了洞中的许多遗骸，证明人类在这里有过活动。考古学家通过对这些洞穴采用新放射性碳定年法，证明至少在24 000年前人类在这里居住或者是到达过这里。尤其是一匹马的下颌骨，成了人类在这里有过明显切割行为的证据。

假设陆桥理论是正确的，那么这些跨越陆桥的人和考古学家认为的第一次在美国定居的"克洛维斯人"一样吗？"克洛维斯箭头"是雕刻精美的箭头。这些细长而凹凸的箭头，在北美各地都有发现，包括白令陆桥。但是在故事中，这里有新的扭转：考古学家一般会在不同的洞穴中寻找证据——例如在距离北芝加哥一个小时的沙佛农场，有

右图
精美但已失传的硬币：克
罗维斯硬币。

左图
巨大的臼齿：上面有清晰
的切削痕迹。

另外一群人生活在这里，他们掌握了更为古老的工艺技术，比做出克洛维斯箭头的人类存在的时间更早。他们的存在推翻了陆桥理论。

一项在 2017 年开展的有争议的研究试图从源头上扭转这个理论。1992 年在圣迭戈，古生物专家使用新放射性碳定年法发现了一具 130 000 年前的巨大骨架。这具骨架被发现于一堆砍骨头的工具旁边——据推测，这是从晚更新世时期开始就使用的宰杀动物时为动物剥皮的工具。

这一发现正在重写我们对人类物种在全球范围内传播的认识。如果在动物骨架的四肢上明显而干净的切痕是由人类造成的，那就意味着存在于这里的人类——或者确切地说是现代智人先辈——是在早于 100 000 年前的时候就到达了美洲，这比人们之前了解的都要早。

关于肯纳威克人的争论

1996 年，两名学生在华盛顿肯纳威克的哥伦比亚河边上有一个举世瞩目的发现：一具拥有接近 9 000 年历史的骨骼。威尔·托马斯正要去参加镇上每年一度的划船比赛。他发现一个看起来像骷髅的东西伸出水面。托马斯以为这是个大卵石，所以决定和他的朋友搞个恶作剧。他跳入水中，然后搬动了那个东西。原来真的是个骷髅。肯纳威克人的骨骼几乎还是完整的，这非常罕见。由此引发的争论持续了 20 多年。当地的印第安部落根据《美国原住民墓葬与赔偿法》希望拥有这具遗骸，他们称其为"古老的人"。考古学家詹姆斯·查特斯和史密森学会的法医专家道格拉斯·奥斯利首先用发射性碳定年法测定了肯纳威克人的骨骼，他们认为这些骨骼与现代美洲原住民没有遗传关系。从生理的角度看，他更像波利尼西亚人。这场诉讼持续了 9 年。2017 年 2 月 18 号，在肯纳威克人被发现十多年后，一个哥伦比亚盆地部落联盟重新安葬了这具遗骸。

右图
詹姆斯·查特斯，第一个分辨出肯纳威克人存在的最后时期的人。

有人站在高高的城堡上：这就是所谓的蒙特索马城堡。

当白令海峡海岸卷起新的巨大风暴时，永久冻土将会被侵蚀。这一气候变化过程很快会揭露谁是最早居住在美洲的人这个问题。温暖的气候会揭露新的历史——例如在努纳莱克的聚居地，这里有巨大的溶解物，证明了有些东西掩盖在地层下有 4.5 个世纪了。这处遗址告诉人们在 17 世纪的小冰期，引发了尤皮克两岸的战争。在他们的聚居地上，有 50 人似乎受到烟熏而被从草屋里逼出来，可能是为了他们的食物。

被遗忘的世界

像蛇丘、查科谷、佛得谷这样的独特的遗址，表现出美国原住民文化比他们的欧洲殖民者最初认为的那样要复杂得多。

在荒凉的 19 世纪 60 年代，第一队矿工、士兵以及探险家来到亚利桑那州中部的佛得谷。在高于海狸溪 100 英尺（34 米）的地方，他们发现了 20 个层层叠叠的住所，引人注目地建造在陡峭的石灰岩绝壁上。很明显，这处住所已经废弃了好长时间，石头路面上覆盖了石灰。

这些新来者，把这些房子称为蒙特索马城堡，推测修建这些房子的技术是由阿兹特克人掌握的，因此住在这里的人不是美洲原住民。这个城堡是由西纳瓜人建造的，他们是早期统治西南美洲大陆的霍霍坎人的近亲。

考古学研究发现了许多 900 年左右人的定居点，是由火山岩喷发而被覆灭的。因此，尽管建造这些定居点非常复杂，到 1425 年，佛得谷还是被废弃了，但是没有人能够清楚地解释原因。

西纳瓜人占据了亚利桑那州的大片领土。关于水鸟的岩画表明了他们与自然联系紧密。

这座城堡建造得如此高，住在这里的人需要使用绳梯才能摇摇晃晃地回到自己的家。19 世纪 70 年代，陆军上校海勒姆·C.霍奇依靠岩石上突出的地方才努力登上了这里。

这里估计有 50 人居住。在下面山谷中的考古学发现，表明了这个城堡的结构是一个特例，而不是常规建筑。1300 年，估计有 6 000 ~ 8 000 人居住在这个地区的山谷底部的村庄里。我们对这里人们的了解大多来自附近不那么有名的"A 城堡"，比起那个风景优美的蒙特索马城堡，这里避免了一场大规模洗劫。

1906 年，西奥多·罗斯福总统宣布蒙特索马城堡成为国家历史文物。这是在 1906 年颁布的《古迹法》生效后第一个受到保护的美洲史前废墟。从这以后，对这里的洗劫才真正停止。

僧侣丘，1887 年由威廉·麦克亚当斯完成的画作。名字来源于特拉比斯特派修道士居住在土堆下方。

美国考古学之父

弗里德里克·普特南（1838—1915）是美国哈佛大学和加利福尼亚大学伯克利分校两所最著名人类学研究所的开创人。他还创建了皮博迪博物馆、美国自然历史博物馆、芝加哥的自然历史博物馆和伯克利人类学博物馆。他也到过考古点。1880—1895年，他在俄亥俄州南部的蛇丘进行过几次考古挖掘。普特南把生命中大部分时间都用来保护这些地区，他认为这些地区激起他"非凡的敬畏之心"。一群波士顿妇女给予了他经济支持，他和历史学家弗朗西斯·帕克曼用这些捐赠买下了遗址，并把这里改造成一个公园。1991年，几个考古学家重新进入普特南最初的开挖地点，发现了少许木炭，这些已经可以通过碳-14测年法标记出存在日期。研究表明，这处土丘最可能的建造者是"古代建筑家"，是生活在公元前15000—10年的村民。

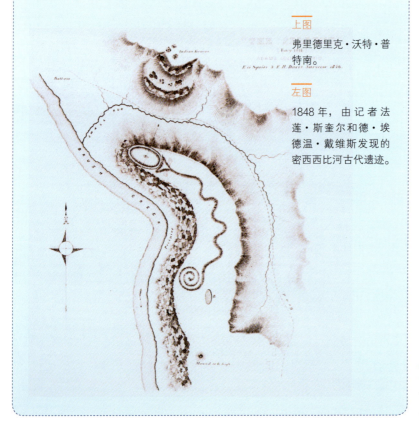

上图
弗里德里克·沃特·普特南。

左图
1848年，由记者法莲·斯奎尔和德·埃德温·戴维斯发现的密西西比河古代遗迹。

土丘建设者

卡俄基亚复杂的城市就是中世纪的曼哈顿，这里居住着美洲原住民。1050年，这座密西西比大都市是拥有3万人的重要中心城市；然而在1350年，这里就消失了。为什么？

这座城市有9平方英里（23.3平方公里），在它的范围内有120座土堆，看上去为人们提供精神支撑，吸引人们从远方来到这里。最大的土丘就是僧侣丘，它是由超过2 200万立方英尺（623 000立方米）的泥土建成的。它里面可以容纳几千劳工，就像律师亨利·布拉肯里奇给他的朋友托马斯·杰斐逊写的信里描述的那样。

这座城市处于全国贸易网络的中心，范围一直延伸到格雷克湖和墨西哥湾沿岸。这里的居民食物营养丰富，耕种着藜属植物和苋属植物，同时耕种着玉米。他

上图
俄克拉何马州斯皮罗土堆发现的一支由硬质耐火土制成的烟斗。

1972 年，考古学家对卡俄基亚土丘国家公园僧侣丘上一部分碎石堆进行开挖。

们还在冶炼铜。卡霍基亚 2 英里（3.2 公里）长的栅栏外面，包围着上百个用木头墙做成的茅草屋。人们利用院子、广场以及小路把他们的住所连接起来，他们和人口流入者亲密地住在一起。通过对骨骼牙齿的锶测定可以看出，这里至少三分之一的人口来源于美国各地。

20 世纪的发展给卡俄基亚造成了可怕的损失，其中一个土丘被农业完全摧毁了，这个地方被各种各样的人用作赌场，甚至还被用作色情场所。德怀特·艾森豪威尔总统的州际公路项目最终支付了考古学家调查这条路上遗址的费用，并将卡俄基亚标入地图中。

1966，一个来自威斯康星 – 密尔沃基的大学团队开始对这个地点进行地图绘制。他们很快发现，卡俄基亚是突然建成的，他们把这个过程称为"大爆炸"。然而，神秘的废弃问题仍未得到解决。伊利诺伊大学的蒂姆·鲍克特认为，卡俄基亚控制着偏远的村庄，他们向城市中的精英们献祭。

在这个发现的大土丘里面残忍地埋葬着数量庞大的尸体，其中大多数是年轻妇女，这表明陪葬的仪式在当时可能已经存在了。

奥雪来嘉传说

由麦吉尔大学的约翰·道森领导的加拿大的第一次考古挖掘，是对神秘的奥雪来嘉的不成功的研究。这一处原住民聚居点最初在 1535 年由法国探险家雅克·卡蒂亚在一次远征后记录于世。1603 年，整个村庄完全消失了。当摄影师罗伯特·加尔布雷斯意识到建筑用推土机会破坏了道森的文物遗址的边界后，当今蒙特利尔的现代建设就停止了。卡蒂亚将其描述为一个用树皮覆盖的房子的栅栏式聚落，但是道森没有发现这里是个大村庄。这可能是因为

卡蒂亚把致命的疾病传播给了土著易洛魁人，或者是这个聚居点本来就是他们的临时钓鱼点。加拿大易洛魁人迅速迁移的习惯不仅是他们唯一保持的习惯。在纽芬兰，他们在梅多斯只待了几年（见 166 页）。考古学家萨拉·帕卡克在露姿居住点南部的几百米处，发现了另外一个加拿大维京人聚居点。北欧风格的长谷仓和炉底石表明这里已经出现铁的加工，这个消息似乎证实了红胡子埃里克和格陵兰人的古代挪威传说。哥伦布不是第一个发现和探索北美大陆的人。

对雅克·卡蒂亚与奥雪来嘉居民会面的描述。

太空探索

在拓荒者和爱国者不切实际想法的推动下，在 20 世纪 30 年代美国考古学对詹姆斯敦之类的殖民地进行的研究迎来了较大发展。尽管如此，考古学家已经对 19 世纪美洲印第安人灭绝的荒谬理论提出了质疑。严谨的挖掘工作，让史密森学会的人类学家，后来成为考古学家的赛勒斯·托马斯驳斥了"种族消失"理论，这一理论认为除了

美洲印第安人，几乎任何人都可能是土丘的建造者。

如今，这个学科的最主要因素已经向着包容性和合作发展。分支学科美国历史考古学包含着对工厂职员、殖民地奴隶以及中国劳工的专门研究。

这一领域主要和数字化带来的创新有关联。2016 年 100 万美元 TED 奖的获得者萨拉·帕卡克甚至计划创造学

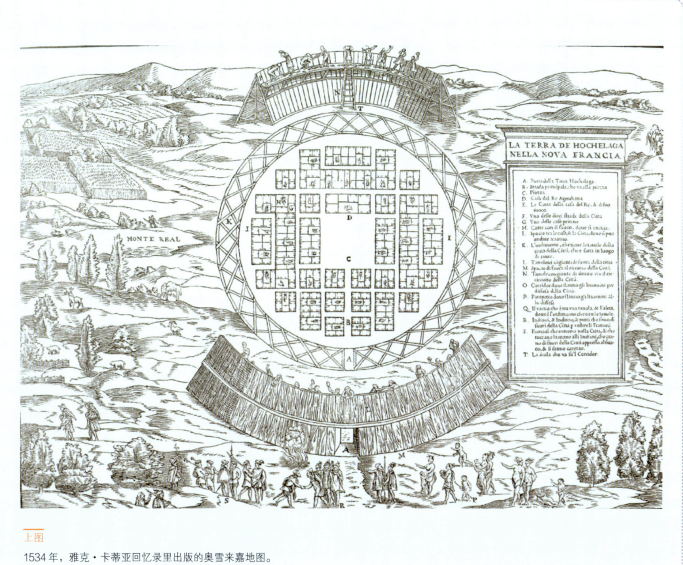

1534 年，雅克·卡蒂亚回忆录里出版的奥雪来嘉地图。

术前沿，用"全球报警系统"来确认和避免文物古迹遭到破坏。这项工作在志愿者中实行众包制。帕卡克把自己描述成"太空考古学家"。她是世界上首先利用卫星图像制作古迹地图的专家。利用太空技术的优势，她对那些覆盖着不同寻常的地下建筑的土壤或植被标注了精确的标志。她说，也许考古学的未来发展趋势在于不用挖掘而进行研究。在未来 20 ～ 30 年，我们或许可以彻底停止考古挖掘，用小小的纳米机器人对地下世界进行探索。

历史上的詹姆斯敦

关于美洲第一个欧洲人定居点消失的堡垒的故事几十年来一直吸引着美洲考古学家，但是，他们依然没有找到此处。由美国国家公园管理局进行的一次挖掘没有发现任何线索。威廉·凯尔索博士认为他们找错了地方。在意识到17世纪的砖砌教堂塔是传统堡垒的一部分后，他很快就找到了这一区域里的陶器碎片和武器，这意味着他的猜想是正确的。

上图

在詹姆斯敦教堂发掘的一处坟墓。

1994年，在广泛的初步工作和与弗里尼亚的谈判之后，"詹姆斯敦再发现计划"启动了。20多年之后，这队人马还没有找到确切的堡垒和最初的定居点，但是发现了一些文物以及对了解他们的生活很有意义的手工制品。

2010年，他们找到了教堂所在地。在这里，他们发现了在美国永久英国定居点的创建者的坟墓。推土机发现了一具遗骨旁边有着船长手杖，这是只有英国船长才有的物品，证明了这就是加布里埃尔·阿契尔的墓。高分辨率的CT扫描显示，在棺材里的一个银箱子是天主教的圣物箱，装有十字架和圣油。里面的东西证明了，阿契尔显然领导了一群虔诚的新教徒。其他的遗骨经历了多重检查，包括化学分析、3D成像以及对他们牙齿的研究。他们是列夫·罗伯特·亨特、费迪南多·温曼爵士以及威廉·韦斯特船长。

波卡洪塔斯

你可能觉得波卡洪塔斯是一个传说人物，觉得她是不存在的，但是，她确实是一个跨文化研究的真实存在。在一个本土的波瓦坦部落里，真正的波卡洪塔斯，把食物带给了詹姆斯敦的最早定居者；加上和其中一个叫约翰·罗尔夫的人结婚，她带来了来之不易的和平。当她21岁时，她到达英国，见到了国王詹姆斯二世。但是，她后来感染肺结核去世了。

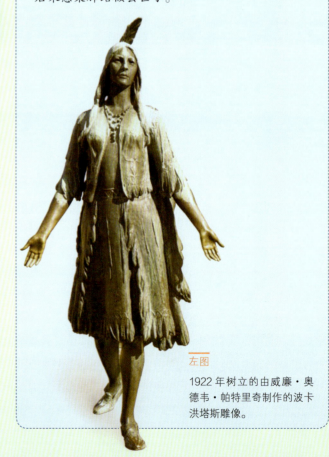

左图

1922年树立的由威廉·奥德韦·帕特里奇制作的波卡洪塔斯雕像。

　　他们有着新世界里最严重以及最普遍的龋齿和脓肿：玉米可以在牙齿上留下过多的糖分，比大麦和欧洲种植的小麦对牙更不利。但是他们需要感谢这些玉米：在他们到达这里的 6 个月之后，经历了一场饥荒，有 250 人丧生。

　　最后，詹姆斯敦在波瓦坦的帮助下活了下来，当时波瓦坦是泰德沃特波瓦坦印第安酋长。在对弗吉尼亚的摩纳哥村庄进行的一次长期挖掘中，又有了新的复杂发现。弗吉尼亚大学对这项挖掘的领导者杰里夫·汉特曼希望研究为什么波瓦坦选择与移民者比邻而居。目前，汉特曼发现的手工制品证明了波瓦坦利用玉米贸易获得的财富而存活。通过玉米贸易，他获得了约翰·史密斯的铜板，因此在与摩纳哥对手的比较中，他占了先锋。

　　今天，"悠久的詹姆斯敦"成为友好来往的证据。他的网站值得访问，你可以观察挖掘过程，也可以和考古学总管威廉·凯尔索博士标记一座塔。

巨人文化

在中美洲和南美洲,在哥伦布到达之前,文明已经出现兴盛期。当西班牙侵略者到达这里后,他们发现这里的城市比他们在欧洲看到的任何一座城市都要大,修建得很漂亮、社会结构复杂、宗教仪式烦冗。征服了阿兹特克人和印加帝国以及随后的国家,西班牙人希望能够在这里巩固西班牙式的统治,为此,当局力争打压这里的文明。伟大的美洲文化逐渐被埋到地下,直到爱冒险的旅行家和业余考古学家在他们的脚下挖掘出大量的历史遗迹后,这些文化才得以重见天日。

上图

来自公元前900年的奥尔梅克领袖巨大的头部雕像,每一尊雕像上都有着独特的辫饰。

尽管经过一百多年的研究,考古学家对南美洲大陆深埋的历史还是知之甚少,但新技术改写了早期历史,特别是价值百万美元的激光雷达扫描器可以从空中向遥远的丛林中释放激光。

从公元前1200年开始,聪慧的奥尔梅克文化在墨西哥湾创建了中美洲第一个伟大的艺术形式,这就是神秘的、不朽的、9英尺(3米)高的奥尔梅克领袖头部雕像。很快,这些复杂的玛雅城市向南部迁移,他们的石刻浮雕记录了他们的国王和王后生活中的重要事件。在秘鲁的北部太平洋海岸,卡拉尔或许是美洲大陆上第一个城市复合体。

在600年的墨西哥高地,特奥蒂瓦坎城拥有20万居民,是当时最大的6个中心城市之一。这是美国考古学发掘的6座城市中的第一座。在17世纪后期,出生在新西班牙的克里奥尔牧师和诗人卡洛斯·西格赞·贡戈拉在特奥蒂瓦坎的太阳金字塔边上开始挖掘。他认为墨西哥土著实际上是埃及人的后代。

20世纪早期,波菲里奥·迪亚兹·莱奥波尔多·巴斯领导了对特奥蒂瓦坎严谨的考古学研究。这座城市宏伟的金字塔是早期公共建筑的标志,它的存在是为了控制影响农业成败的无形的自然力。在这座被废弃的典型大都市特奥蒂瓦坎中,没有塔也没有防御工事,但是我们知道,在数千观众面前,会有动物和人类被用于献祭。神圣的遗址和寺庙,如蒂瓦纳库的卡拉萨萨亚(神圣的围栏)和特奥蒂瓦坎的大神庙(大寺庙),都是依据日历中的日出地点和日落地点精心规划的。

美洲安第斯山帝国

公元前3500—前1800年	公元前800年—前100年	100—800年	300—1150年	500—1000年	900—1476年	1476—1534年
北奇科文明	纳斯卡	莫切文明	蒂瓦纳库文明	瓦里文明	奇穆文明	印加文明

道路之下的遗址

阿兹特克帝国在象征权力的材质方面创立了广泛的贸易网络，就像那些闪亮的、彩色的绿咬鹃羽毛。这促成了军国主义意识。

在墨西哥城的道路下方，绵延着古老的特奥蒂瓦坎城。多年来，阿兹特克首都被遗忘在现代城市之下。1978 年，电力工人在放置电缆时，意外地穿过了阿兹特克大神庙。他们发现了一大块月亮女神浮雕。爱德华多·马托斯·蒙特祖马在 1978—1982 年指导了对这一地区的发掘。发现

上图
特奥蒂瓦坎太阳金字塔附近的月亮金字塔。

下图
墨西哥城大神庙遗址。

美洲墨西哥帝国

公元前 1200—前 400 年	1—650 年	公元前 400—1521 年	900—1168 年	1428—1521 年
奥尔梅克文化	特奥蒂瓦坎	萨波特克文明	托尔特克	墨西哥人（阿兹特克人）

玛雅文明的覆灭

比起在墨西哥高地，复杂的玛雅文明在低地扎根更深。这里的环境并不是自然的文明的摇篮。浓密的森林、很少的降水以及危险的野外生物，让在这里建造帝国变得更加困难。然而在 1 世纪中期，玛雅是中美洲主要的政权。

在伯利兹城北部，由诺曼·哈蒙德领导的对奎略的挖掘，为这一文明提供了让人着迷的见解。在这里发现了玉米棒，这种主要农作物为玛雅的人口爆炸提供了主要支持。在公元前 1000—200 年，玉米棒的尺寸和玉米产量都在稳步增加。哈蒙德同时发现了一片玉片，暗示着在经典玛雅时期之前，有一位精英存在。

在尤卡坦半岛的热带丛林里，出现了一些大城市。漂亮的雕塑、复杂的手工艺品、壮观的金字塔，向世人展示着玛雅文化的影响力。玛雅人掌握了先进的数学和天文知识，他们的象形文字体系既复杂又有趣。对玛雅文化的挖

上图
位于奇琴伊察上的埃尔·卡斯蒂略，或称库库尔坎神庙。库库尔坎神庙用的是尤卡坦人玛雅羽状的蛇纹岩。

掘是由两个维多利亚时代的人——一个美国人和一个英国人完成的：约翰·劳埃德·斯蒂芬斯和弗雷德里克·卡瑟伍德。斯蒂芬斯是一名探险家、作家以及临时政客，卡瑟伍德是一名作家以及工程师。他们都看过关于中美洲森林里隐藏的古老城市的故事，然后想要发掘这些。1834 年，他们来到科藩，然后很快转移到其他地方，绘制出另外一些大城市——帕伦克、乌斯马尔和奇琴伊察——的图景。

左图
哥伦布发现新大陆之前的用翡翠雕刻的战士，雕刻于公元前 100 年。

玛雅

公元前 1800—250 年	250—900 年	500—600 年	750 年
前古典时期的玛雅	古典玛雅	蒂卡尔崛起	玛雅城邦国家和贸易伙伴之间产生冲突

当他们在 1842 年回到纽约后，联合出版了一本配有插图介绍玛雅文化的书《在尤卡坦半岛的旅行》，这是一本用严谨的考古学观点最早对玛雅文化进行研究的著作。

在 9 世纪，玛雅社会伴随着突发的地震而消失了。那些刻在遗址上的铭文、墓前的寺庙、王室葬礼的仪式，几乎在一夜之间就消失了。这些伟大的城市被抛弃，没有新的城市来取代它们。

是什么造成了伟大的文明消失得如此彻底？

过去，历史学家和考古学家都把原因指向内战、侵略以及犯罪导致的贸易受阻。但是现在，更多的专家注意到了另外一个因素：人类对环境的改造。干旱是导致玛雅文明衰退的原因之一。在这里，人口的增长大大增加了玉米的种植面积。人们只得去砍伐森林，这就造成了土壤的沙化，让这片土地变得更容易同时被洪水和干旱攻击。不同于被动地接受环境，玛雅人和美洲大陆上其他土著一样，他们改变了居住地的生态环境，并乐在其中。在 9 世纪，他们对环境的影响反过来影响他们，记录表明，这一区域经历了上千年的严重干旱。

这类证据还在增加。2012 年，带领着一队考古学家的道格拉斯·凯纳特在分析了 2 000 年前成千上万的石笋后得出了一些结论，这些都在佐证以上内容。总的来说，这一项目包括 9 个不同的体系。来自莱斯大学和路易斯安那州立大学的科学家分析了伯利兹城大蓝洞的泥沙试样，

上图
具有象征意义的装饰，这个香炉将被用来盛放烧香的器具。

上图
约翰·劳埃德·斯蒂芬斯，除了考古工作外，斯蒂芬斯还参与了巴拿马铁路的规划。

750—900 年	899 年	900—1500 年	900—1050 年	1224 年
奇琴伊察开始发展	蒂卡尔被遗弃	古典时期的玛雅	奇琴伊察成为地区强国	奇琴伊察被遗弃

这个大蓝洞是一个位于大暗礁处 400 英尺（122 米）深的大洞。在 800—1000 年，玛雅时代的地层开始下陷。测试到的高含量铝和钛提醒科学家，强热带气旋带来了巨大的降水，将岩石中的成分冲刷进了大海。

当南方的一些大城市，诸如蒂卡尔和帕伦克，都已经灭绝的时候，在当今的危地马拉和伯利兹城，一些北方的城市依然在努力保持繁荣，包括最著名的玛雅城市奇琴伊察。

1020 年持续的一场干旱引发了一场政变和持续的战乱。随之而来的是人口的急剧减退，也许是突然的气候变化导致的。要知道，哪怕是一场小的干旱都能对生态平衡造成毁灭性打击。当西班牙征服者在 16 世纪到达这里时，伟大的玛雅文明已经消失在丛林中。

威廉·加杜里

　　这是一位拥有技术的 15 岁少年。加拿大少年威廉·加杜里在尤卡坦半岛上标注出隐藏极深的消失的玛雅古城。加杜里指出，玛雅城散落在墨西哥、洪都拉斯、危地马拉和萨尔瓦多，精确地对准了最主要的恒星星座。然而，还是有一座城市似乎失踪了。这位少年说服加拿大太空局的专家利用卫星影像设备找出一颗恒星精准对应的地点。利用谷歌地图，他将这座消失的城市称为卡尺或火口。这一地点的影像清楚地展现了一处人工建造的广场隐藏在密林深处。这一消息在国际上产生反响，但是有人对加杜里的理论产生了怀疑。许多考古学家怀疑玛雅人是否拥有将他们的城市按照如此精密线路排列的能力。加杜里所谓的那座遥远的消失之城也没有被勘探出来。

右图

被人们称为伟大的美洲豹神庙，也被称为提克兰寺，因为横梁上的装饰是一位国王坐在美洲豹样的王座上。

在玛雅神庙中发现的被肢解的柯约莎克浮雕。

卡拉尔金字塔遗址，由诺特·奇科建造的最古老的美洲之城。

的7000多件文物表明这里是阿兹特克帝国的宗教中心，也是世界上最重要的考古遗址之一。它占地近43000平方英尺（4000平方米）。

自发现大神庙以后，一系列盗墓行为试图发掘这座城市的文物。整个城市都在进行考古发掘，从文身馆的地下室到地铁站，再到大都会教堂的地板下。墨西哥城的考古学家面临着特定的挑战——这座拥挤热闹的城市需要他们仔细地绕开排水沟、管道及地铁线路。遗址被水覆盖也同样是一个问题。

秘鲁的帝国野心

秘鲁最早的文明是北奇科文明，在公元前3000年达

失落的猴神之城

神秘的"白色之城"传说向人们讲述，有一座失落之城隐藏在洪都拉斯莫斯基蒂亚的热带雨林中。赫南·科尔特斯说能听到歌舞声，但从来没发现城市在哪里。1927年，一位飞行员查尔斯·林德伯格报告，称在洪都拉斯东部看到一座飘浮的白色之城。1939年，希欧多尔·莫德声称发现了一座与描述相符的"猴神之城"，但是在他把这里开挖出来之前他就去世了。在这片区域中有超过200处的遗址，绝大多数建造于800—1250年，但是基本上没有被研究过。2009年开始，电影制片人史蒂夫·埃尔金斯使用探地雷达技术对这一区域进行了彻底扫描。他和他的团队在洪都拉斯的热带雨林中发现了一个古老的城市。整个文化被附近的玛雅文化划分开来。他们发现了一些文物，是用于宗教仪式的陶器，上面刻有蛇、美洲豹以及"美洲豹人"的头。考古学家相信在中美洲的热带雨林中，还隐藏着更多的失落之城。

位于洪都拉斯的特古西加尔巴附近的白色之城。

上图

鸟类图样。这是其中一张纳斯卡线图景：一些线组成鱼、猴子的样子，以及美洲豹、树和花的样子。

上图

莫切陶器，上面涂着有当地特色的乳白色和红色的涂料。

到鼎盛时期，包括 30 多个城市。在当时，北奇科是世界上人口最稠密的城市之一。进行研究的第一个遗址是阿斯佩罗。1941 年，两位哈佛学者戈登·R. 威利和约翰·M. 科贝特，发现了一座没有陶器的建筑，里面有几根玉米棒和一些人工土丘。许多年以后，一名研究生利用放射性碳定年法对这些样本进行研究——发现这些东西形成于公元前 3000 年——这比美洲同类的遗址形成的时间都要早太多，他觉得他一定是搞错了。但是在 1994 年，位于利马的圣马科斯国立大学的露丝·沙迪·索利斯在整个地区发现了类似的结果。她对卡拉尔进行了挖掘，测定出这里形成于公元前 2600 年。瓦里坎加的一座城市遗址形成于公元前 3500 年，波韦尼尔和乌帕卡的城市遗址形成于公元前 2700 年。这些发现促使美国考古学家威尼弗雷德·克里默和乔纳森·哈斯提出了 MFAC 假说，即安第斯文明的海洋基础学说。这些城市是依赖海洋渔业而不是农业生存的。按照这种说法，这里的文明与新月沃土、中国和印度的早期文明完全不同。

在秘鲁的考古发现中，最神秘的地方在于纳斯卡线。

在纳斯卡沙漠中，巨大的线条刻画出一些风景，这就有了 300 处几何图形、70 种动物和植物图案。一些线条长达 30 英里（48 公里）。人们对这些线条进行测量时发现，只有在空中才能看到线条的全貌，而在地上无法观测清楚。这是在公元前 100—800 年统治这里的纳斯卡人创造的。考古学家无法得知刻画这些线条的目的是什么，但是一些理论推测，这些线条是求雨时的一些仪式符号。

一千多年来，数以吨计的岩石和砖头一直保存着秘鲁北海岸金字塔深处的无价之宝。莫切文明是由考古学家麦克斯·乌勒最先识别出的早于印加文明 1000 年的一种文明。他们独特的莫切卡罐发现于世界各地，这是在古代被列强洗劫而来的。莫切人通过发展复杂的沟渠网络技术和灌溉技术而在世界上最干旱的地方幸存下来。

印加人创造了美洲最大的原住民国，有 1 000 万名臣民，他们以惊人的速度从在库兹科河谷的家乡扩张到南美洲安第斯山脉的大片地区。在基多，人们发现了 37 处堡垒，都处于战略关口和通道上。最引人注目的印加考古遗址是马丘比丘（54—57 页）。印加人从他们的敌

精神领袖

南美洲的文物三古迹在近百年来被持续掠夺。秘鲁考古学家沃尔特·阿尔瓦在类似的遗址中把伟大的溪畔主之墓保护下来。1987年，国家考古博物馆馆长在午夜接到一个电话。电话称，盗墓贼发现了莫西干高级神职人员的大墓，拿到一些金器和银器。个把小时内，这些东西就会流向黑市，甚至流向国外。当他第一次到达现场时，当地穷人已经从华卡·拉贾拉西涌来。这里由两个砖石金字塔和低平台组成，这些人希望在里面能够找到一些值钱的东西。在警察和政府基金会以及国家地质局的帮助下，阿尔瓦和他的团队成功劝服这些人停止盗挖。这样，他们才发现了莫西干王、西潘王以及其他六人的华丽墓穴，同时还发现了451件文物。发掘还在继续，又有两处坟墓被发现了。

上图

重建位于华卡·拉贾拉西的潘王墓。

人那里劫掠了这处山丘，象征性地把这些封印在他们位于库兹科的太阳神殿中，从而献给月亮之神奎拉。这座神庙覆盖着白银，被认为是月亮之神的眼泪。太阳神殿，或称为金色围场，是印加世界的中心。在印锑大神庙中，金墙上镶嵌着翡翠。他们最伟大的宗教偶像——印锑的金神像——在西班牙人涌入后被放到安全的地方藏了起来，但是再也没有被找到。

发现世界

尽管考古学家在中美洲和南美洲做出了巨大的努力，但人们了解到的也只是考古学的皮毛。然而在洪都拉斯热带雨林中，还是不断有城市被发现。墨西哥城道路下方，还掩藏着一些秘密。安第斯山脉中，印加人和他们祖先的光辉遗产被发现了。这些成千上万的文物持续不断地被挖掘出来，丢失的挑战一直都在。考古学家成功了，学者和政客仍然保持警惕，以防这些宝贵的古代坟墓被追求财富和名声的盗墓贼窃取。

右图

印加时期用于祭祀的小雕像。

左图

秘鲁奥扬泰坦博的梯田和寺庙之山，这是印加皇帝帕查库提的皇家宫殿。

这是莫切人的一幅精美的耳饰。耳饰的个头比较大，呈圆形，是秘鲁上层人员体现地位和财富的装饰品。

左图

为印锑准备的太阳神殿，这是印加帝国最为重要的遗址。最初这里的墙上布满金子，并且一以贯之地装饰精美。西班牙殖民者破坏了这处建筑，在这处地基上修建了圣多明戈大教堂。

柬埔寨吴哥窟的华丽雕刻。

亚 洲 考 古 学

从秦朝到明朝

从公元前221年第一个王朝秦朝的君主秦始皇（他也被人们称为始皇帝）登基开始，到1644年明朝覆灭，这一时期的中国历史向人们描述了一部伟大帝国集权统治下的恢宏史诗。这部史诗中夹杂着无数场内战。

独特的遗产

宋朝（960—1279），中国就开始了考古研究，当时的贵族、学者以及官僚发现了一些商朝的文物。就像欧洲的古文物研究者一样（19—24页），他们主要的兴趣在于私人拥有这些东西，而不是去研究这些东西所蕴含的文化。许多人希望把他们发现的东西用于宗教仪式，学者沈括（1031—1095）在《梦溪笔谈》中批评道，和他同时代的人对考古学的研究非常肤浅，他们只强调研究制造文物的最初目的以及物品结构。

沈括的呼吁没有得到足够的重视。欧阳修（1007—1072）将青铜器和石刻的铭文制作成了400片拓片；吕大临（1046—1092）奠定了系统性地进行古老研究的基础，于1092年完成了一部著作《考古图》，或者称为对

上图
公元前11世纪，中国商朝末年的一款青铜盛酒器。

左图
宋朝科学家和天文学家沈括对考古学也很感兴趣。他设计了一些天文仪器，还制订了阳历。

中国封建朝代

公元前221年—前206年 秦朝	公元前206年—220年 汉朝（西汉、东汉）	220—280年 三国时期	265—420年 晋朝	420—589年 南北朝时期	581—618年 隋朝

中国的长城

在浓缩中国的辽阔、雄心以及能力方面，没有比长城更好的介质了。对于中国人来说，长城标志着文明的边界。在 2012 年对长城展开的一次研究中，人们使用了 GPS 以及红外线技术，标记出了长城的范围，推断出长城在最长时达到令人吃惊的 13 247 英里（21 196 公里）。秦始皇最初在公元前 3 世纪末修筑长城时，计划长度约为 10 000 里（5 000 公里），其目的在于把长城当作屏障，阻止北方的游牧民族匈奴人进入中原地区。在汉朝，长城的作用在于保护重要的贸易线路丝绸之路。6 世纪，180 万人被组织起来对长城进行修复和加固，在接下来的 1 700 年里，这项工程被不停地重复进行。这就不难知道，为什么在今天还可以看到长城的样子，现在的长城绝大多数是明朝的建筑，与最初建成的样子有很大的不同。

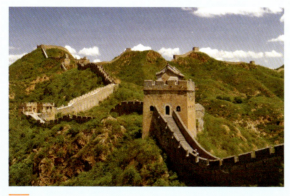

上图
金山岭长城的一段，靠近北京，如今可以参观。更偏远的地区则更为荒凉——同样令人印象深刻，但却有着不同的氛围。

左图
约翰·贡纳·安特生，瑞士考古学家、地质学家，拍摄于 1920 年的中国。

古代遗物的图解目录。在这本书中，他详细地介绍了当时发现的文物。随后形成了对文物进行纪年的正式方法，把文物按照铭文、形状、图片进行纪年分类。

中国现代意义上的科学考古学源自瑞典考古学家约翰·贡纳·安特生（1874—1960）。他是作为采矿顾问到达中国的。在和他的中国同事袁复礼一同工作期间，他发现在河南境内的黄河边上，有一些史前遗迹。由于他当时在中国国家地质研究所工作，因此，他帮助中国培养出一代考古学家。

死后殊荣

秦始皇的功绩让人惊讶——他把战乱的中国统一成一个整体，修筑了万里长城，开创了中国的法律和政治体系。

他最后安息的地方和他统治的国家一样壮丽。1974年，一位农民在西安城边打井时，偶然揭开了中国考古历史上最伟大的发现：秦始皇陵。在这些遗迹中，这座巨大的坟墓隐藏着成千上万个用陶土制作的战士，他们

618—907 年	907—960 年	960—1279 年	1271—1368 年	1368—1644 年
唐朝	五代十国	宋、辽、金以及西夏时期	元朝[1]	明朝

1. 铁木真于 1206 年建国，1271 年忽必烈定国号为元，1279 年灭南宋。——译者注

在保护着自己的皇帝（见 70—73 页）。政府立刻派出一队由考古学家组成的考古队去进行进一步研究。当时有 8 000 尊陶俑被发现，其中还有马拉战车以及武器。然而陵墓中更多的地方还没有被挖掘出来。目前，中国考古学家利用传感器发现了另一处坑葬，里面是歌舞伎以及杂技演员，但是挖掘工作中止了，为的是避免对遗址造成破坏。

至少到目前为止，在古代王室的陵墓中，发现的最为震惊的是在中国中部地区长沙市马王堆发现的一处陵墓，这处公元前 2 世纪的墓葬是在 1972—1974 年挖掘的。当考古学家打开一号墓葬时，他们发现轪侯的妻子辛追的尸体还被保存得十分完好。里面有丰富的随葬品，包括 152 位"人物"，代表着舞蹈者、音乐家和仆人。里面还有些日常用品，包括碗、杯子、筷子。辛追墓中还出土了许多化妆盒、花瓶、扶手以及屏风。在坟墓的另一边有一只竹箱子，里面装有中药、丝绸衣服以及其他一些服装。覆盖在棺材上的是一块 T 形的红色丝绸，象征着她去往后世。在棺材顶上画的是天堂的样子，由两位护卫守护；两边是辛追受到两名仆人照顾的情形；底部是地狱的影像。

这座坟墓在当时需要成千上万的劳工建造，这也向人们展示了中国汉代的富有。在明朝之前，这种模式的埋葬程序也没有再发现过。

敦煌莫高窟

公元前 500 年，佛教在中国迅速兴起。在 19 世纪后期的几年里，一系列考古发现表明佛教在当时中国的活力。重庆市大足区，在岩层表面，有着一系列让人惊叹的佛教雕刻。

然而，最引人注目的佛教遗址是一个洞穴——拥有数千座佛像造型的洞穴群，或者被称为莫高窟，位于中国西北部丝绸之路附近的敦煌。这里有 487 处装饰华丽的洞穴——这是在 366—1368 年建成的寺庙，里面的壁画占地 490 000 平方英尺（44 500 平方米）。这些洞穴是在 1900 年由一个道士王圆箓首次发现的。在接下来的岁月里，英国、法国、日本和俄罗斯人对这里进行了大量研究。

在一处被称为图书馆的洞穴里，放置着 2 400 件泥像、1 100 册书卷、15 000 册印制书。从 1000 年开始，这些珍贵的文物就在这里受到保护。在这些书籍中，有一卷《金刚经》。这本书出现于 868 年，是目前世界上发现的最早的印刷品。

左图
秦始皇兵马俑中的一个秦俑，准备在来世为秦朝服务。

海洋贸易

当今，世界各地越来越多的考古学家开始利用新技术去研究水面下的世界（见246页），中国也不例外。1987年，水下考古研究中心成立，这是作为中国国家博物馆的一个部门而成立的。这个部门的研究者有了惊人的发现，这些发现足以改写中国海洋历史和贸易史：考古学家发现了和陆地丝绸之路一样繁荣的"海上丝绸之路"。同一年，英国和中国考古学家在对东印度公司沉船进行研究时，在中国南海意外发现了一艘98英尺（30米）长、建造于800年前的中国大船。它被称为"南海一号"，失事的时间大约在1127—1279年。

从2007年开始，人们对"南海一号"展开保护性抢救。关于这艘船失事的记载告诉我们，这艘船上拥有超过

左图

从马王堆一号墓出土的红色丝绸横幅，来源于西汉时期。一条漂亮的龙形图案在天堂和地狱之间穿梭，目的在于帮助灵魂到达天堂。

下图

位于重庆市大足区附近的宝顶山的"华严三圣像"（文殊、毗卢遮那、普贤）。

帝国的覆灭

如果说修建于1420年的北京紫禁城依然是明王朝最气派、最正式的尊贵的表达，那么位于其北方26英里（42公里）处，在北京昌平占地15平方英里（40平方公里）的明十三陵，就是对这个帝国进行考古时收获最大的遗址。这里有从永乐帝到崇祯帝的陵墓，最早的陵墓建成于1409年，最后一个陵墓是在明朝皇帝驾崩后的1644年建造的。通往坟墓之路称为"神道"，这是一条由狮子、大象、骆驼和保镖的雕像保护的林荫大道。

十三陵中只有一处被挖掘，也就是明神宗朱翊钧（1572—1620）的陵墓。关于这位肥胖的万历皇帝懒散的传说解释了明朝灭亡的原因。这是十三陵中第三大的陵墓。它建造于地下89英尺（27米）深处，经历了几个世纪依然保存完整。它躲过了抢劫，躲过了破坏许多考古遗址的盗墓贼。1956年，在考古学家郭沫若和吴晗的申请下，政府下令对这里进行抢救性挖掘。这座令人叹为观止的建筑群由五个独立的石室组成，后面是两组巨大的自锁大理石

门。第五间也就是最后一间，是皇帝和他的两个妻子的坟墓。装有油和灯芯的瓷瓶放在其中，被用来永远照亮陵墓。

定陵发掘工作面临许多挑战，出于挽救文物的目的，中国政府暂停了进一步的挖掘工作。明十三陵其余的部分仍未对外开放。

左上图

通往明十三陵的神道。

左图

明十三陵全景，画作成于18世纪。

右图

从定陵中出土的一件文物，为手掌大小的黄金饰品，上面镶嵌有红宝石、珍珠及其他珠宝，在中国人看来是心脏的形状。

下图

长陵。这是十三陵中最大、保护最好的坟墓，里面埋葬着明朝的第三位皇帝朱棣，也就是永乐大帝，以及他的皇后徐氏。

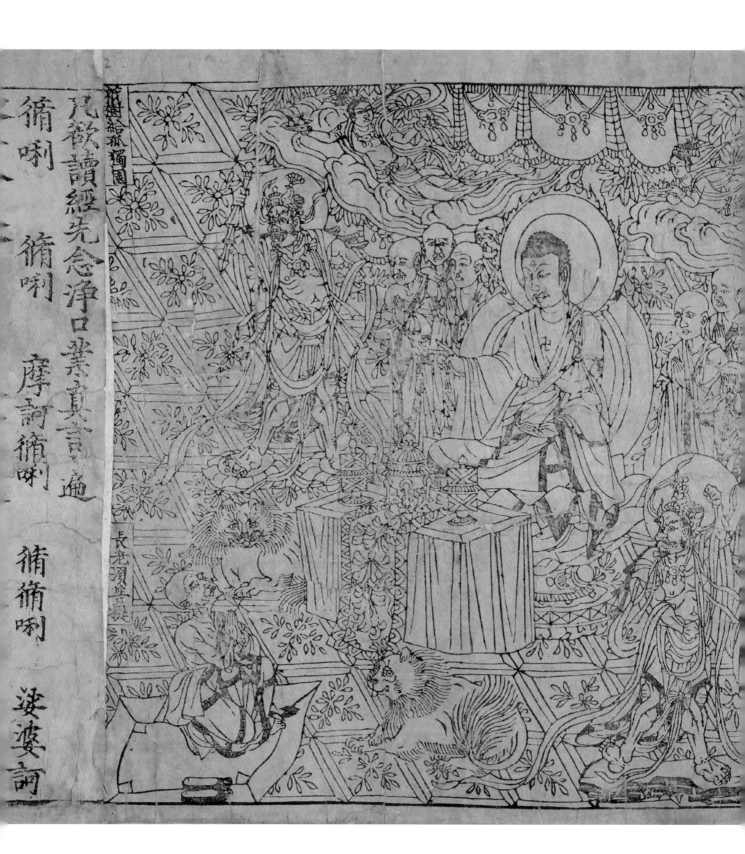

60 000件物品。这些东西被转移到位于广东的海上丝绸之路博物馆，而对沉船的挖掘是在有着强烈好奇心的游客的注视下进行的。这艘船满载着瓷器和陶器、大量的铜钱以及个人物品，包括黄金等珠宝。这些物品表明，当船沉没时，有一大群富裕的商人和旅客在船上。考古学界认为，这艘船的重要性与秦始皇陵兵马俑相当。

现代中国考古

现在，中国斥资数十亿元培养了自己的考古专家，立志于在"文化大革命"之后重建文化。他们还尝试在中国以外的地方进行研究。例如，他们在印度德里北部的拉希加里挖掘了一处青铜遗址。

左图

迄今为止发现的世界上最早的印刷品，在敦煌莫高窟里发现的中文版《金刚经》的插图。

下图

一只印花碗，从"南海一号"沉船中被抢救出来，现在存放于广州艺术博物馆。

日出之国

在日本人的精神世界中，祖先是重要的存在，日本也拥有较长历史的考古研究。历史学家德川光国将军渴望摆脱日本天皇的控制，早在 1692 年，他就最先开始了对日本皇家坟墓的系统性挖掘。这是日本最早的史前时代，被称为古坟大和时代（300—700）。钥匙孔形的坟墓（古坟）是日本独有的墓穴样式。

考古学在日本作为一门系统的学科开始于 1877 年，是从美国动物学家和东方学者爱德华·西尔维斯特·莫尔斯挖掘大森贝冢开始的。莫尔斯和他的团队发现了一种陶器，被他们描述成"绳子装饰器"。在日本，这些符号被称为"绳文"，在日本早期历史中（公元前 14000—前 1000），当这些陶器被生产出来时，这些符号被当作记录事件的文字。

上图

雕刻精美的木坠子，表现的是一位年长的阿伊努老人。

相互矛盾的理论

在 19 世纪末到 20 世纪初期，日本学者对日本人的起源展开争论。一些人认为他们的起源是弥生人，这群人在公元前 300—300 年繁衍生息。另外一些人认为日本人的祖先是阿伊努人，这是北海道（日本的第二大岛屿）的原住民。还有一些人认为日本人和琉球人同宗同源，也是琉球群岛的原住民。日本考古学家的早期目标就是讨论这个问题。这些辩论常常带有种族主义色彩，就像许多学者认为阿伊努人是"原著人"，并且热衷于反驳他们与"文明"的现代日本人之间的任何祖先联系。

西方技术

1916 年，日本第一所大学考古研究所由京都帝国大学创建。这一研究所的第一位领导人滨田耕作在英国完成了学业。当他回到日本后，他把西方的考古学方法和理论带到了日本。1922 年，他出版了日本第一本考古学著作《通论考古学》（考古学介绍），现在还在重印。

滨田引入序列化概念作为日本陶器的相对年代测定方法。序列化是由瑞典考古学家奥斯卡·蒙德留斯设计的，这种方法把文物按照设计风格和占多数的特定风格进行分类，是一种给物品做出年代表的方法。依靠这种方法，东京大学的山口官生判定绳文民族以狩猎为生，弥生人以农耕为生。

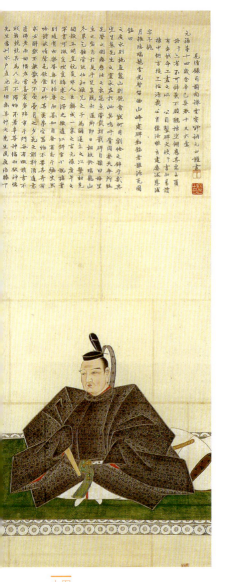

上图

德川光国，在他的领导下，水户学者描述出日本的主要历史。

日本考古时期

左图
绳文陶器，上面有独特的绳状纹和雕刻模式。

右图
瑞典考古学家奥斯卡·蒙德留斯的纪念邮票。

利用另外一种西方技术——地层学，滨田耕作颠覆了关于日本人起源的史前神话。1917 年，滨田挖掘了大阪港地区，1918—1919 年，他又对鹿儿岛的指宿进行挖掘。在这里，地层学技术告诉人们，绳文和弥生文化来自不同的地层期。直到那个时代，考古学界都认为绳文文化和弥生文化只是同一时期两种单独的文化。最终，滨田确定绳文文化早于弥生文化。

日本考古联盟

第二次世界大战以后，是日本考古学开始扩大发展的时期。在 1948 年成立的日本考古联盟（JAA）把全日本的考古学家都联合了起来。

贝冢

1877 年，爱德华·莫尔斯在日本大森的挖掘是世界上第一次对贝冢的挖掘。这些贝冢是由人类活动形成的，来源于吃掉的贝类残留积累。对考古学家来说，这些遗址可以帮助人们了解当时人类的饮食，这里还有石头工具的碎片以及家庭用品。由于贝冢富含丰富的碳酸钙，因此它是碱性的，这延缓了土壤酸性物质对其本身的腐蚀。这就意味着在贝冢中，经常有一些古代物品，包括食物、衣服及人体残骸保留下来，为考古学家提供了有价值的研究对象。

上图
由考古学家伊波普猷（左面）和鸟居龙藏（右面）一起在大森挖掘的贝冢遗址。

登吕穴居的重建。人们不清楚当初的大小。

1947 年，对静冈市 1 世纪的登吕遗址的挖掘给了日本考古联盟一些启发。发现于 1943 年的登吕遗址，是第一个包含弥生时代水田的考古遗址。在遗址中还发现深宅、垃圾点、升降地板甚至是保存完好的木制家具。这里的发现通过当时的报纸及电台进行传播，这增强了公众对日本古代历史的了解和研究兴趣。

对登吕的挖掘结束于 1950 年。在接下来的 8 年里，日本考古联盟组织了对其他 21 处弥生时代遗址的挖掘，挖掘范围从日本西部的九州岛到中部的爱知县。

日本考古联盟在制订系统的考古挖掘方法和文物保护方法方面起到了极大的作用。1949 年 1 月 26 日，在奈良的一座古老佛寺——法隆寺里发生了一场火灾，烧毁了大厅。这是日本考古联盟面临的第一次挑战。法隆寺建造于 7—8 世纪，是世界上最古老的木制建筑之一。这场事故破坏了一些精美的壁画，促使日本国家立法机关通过了关于保护文物的相关法令（1950 年）。这条法令由日本考古联盟协助起草，把考古学的挖掘工作编制进去。在 1950 年之前，任何人都可以对遗址进行挖掘。而在法令颁布后，考古学家需要从政府机构获得相关的许可后才能对遗址进行挖掘。

2016 年大地震中，熊本县的一座炮塔被严重损坏。

灾难考古学

日本是世界上最易发生地震的国家之一，这对日本考古学提出了挑战。地震会损坏或毁灭遗址或考古地点。现在，这一点也成为一项有刺激性的因素，对相关地区的考古挖掘造成影响。

古坟大和时代的青铜圆镜。

2011 年，日本发生的东方大地震影响了日本的大部分地区，特别是岩手县以及宫城县，福岛地区受到的冲击最大。结果就是引发了高达 98.5 英尺（30 米）的海啸，并且海浪冲到了海岸以内几米远的地方，所到之处片甲不留。海啸使将近 2 万人失去生命，还使福岛一号核电站释放了放射性污染。在这种灾难性的情况下，对文化遗址或者历史古迹产生的损坏似乎就是次要的。然而，损失还是产生了，包括城堡、堡垒、寺庙、神殿及其他一些遗迹都

有不同程度的损坏。在岩手县，海啸夷平了古老的宗教建筑，市政博物馆也完全被摧毁了。

另一个问题出现了：宫城县拥有 6 000 处遗址，岩手县拥有 13 000 处，许多遗址已经开始挖掘。大部分遗址位于受灾严重的海边平地的高山上，这里恰好是震后灾民重建的地方。因此，政府只能匆忙地招聘一些考古劳工，赶在新城工程开工前，尽可能多地对遗址进行挖掘。这是与时间的一场竞赛，然而这队人马迅速而又高质量地完成了工作。

　　在岩手县，一共有557 743平方英尺（51 816平方米）、30处遗址需要在重建之前挖掘。好多文物被发现，改变了当地的历史。考古学家会定期把他们的发现公之于众。

　　相似的考古紧急事件发生在1995年的阪神大地震。在保护行动开始之前，考古学家担心他们可能会受到愤怒的当地人的攻击，抗议他们在这个时候出现在灾区。但是，让他们惊讶的是，当地人很支持他们的行动，因此500处遗址开始被挖掘。2011年地震发生以后，考古学家也受到了同样的支持。

　　考古学家在福岛面临了更大的挑战，因为许多遗址遭受了放射性污染。他们穿上防护服去营救考古文物，然后把这些东西保存起来以备今后展出。

　　尽管遇到挑战，考古学还是改变了我们过去对日本的理解。许多令人震惊的文物还埋藏在710—784年作为日本首都的奈良地下，包括佛寺、神道教圣地、平城皇宫。1998年，这处皇宫以及周边地区被联合国教科文组织评定为世界遗产。现在在遗址原地对皇宫进行了重建，在2010年举行了一系列庆典和文化事件，以此来纪念1 300年前日本迁都至平城（奈良）。

从历史中学到的

2011年的大地震给了考古学家一些启发，特别是在日本北部地区，考古学家开始寻找过去的地震和海啸的遗址。他们希望通过发现过去灾难的痕迹以期预测未来的灾难。在本州岛仙台市，考古学家发现一片稻田，这里的土层形成于弥生时代中期，距今已经有2 000年历史。这片土地覆盖着一片白色的沙土。通过分析沙土，他们发现这里经受过与2011年同样规模的海啸。2014年4月，奈良国家文化研究所开始梳理历史灾难数据库，记录了从本州岛和其他地方发现的过去的灾难性事件。信息技术专家开始为这一考古地质学的新分支寻找研究方法和技术。

日本的"庞贝城"

群马县的金井东里被称为日本的"庞贝城"。就像罗马城市庞贝一样，这处遗址被掩藏在火山灰下面。在日本历史上，这个火山是上毛三山之一，在古坟（大和）时代的6世纪早期喷发过。在2012年对这处遗址的挖掘中，考古学家发现了一个保存完好的日本战士，他还穿着铠甲。这具铠甲质量上乘，因此人们认为此人是高级将领。在接下来的几年里，还有一些铠甲出土，但这是唯一一具穿在人身上的。从他的姿态来看，这名战士一定很勇敢，因为在岩石和火山灰把他吞没时，他是面朝火山跪在地上的。考古学家推测当时他在祈祷，以期平息火山的怒火。

上图

平安时代的一个青铜雕刻，描绘的是金刚藏王权现，他是佛教万神殿里的一个日本神。

纷繁复杂的东方之地

与欧洲和美洲的考古发现相比，东南亚还有丰富的考古遗址尚未被挖掘，因为这一地区的政府对考古学研究支持较少。因此，如今还会有更多让人惊讶的遗址被发现，可能会对这一地区的历史进行全新的阐述。

河内东英县安阳王庙，是越南古老的堡垒及其第一个首都。

支撑历史？

越南传统的历史故事是带有半传奇性质的，都讲述他们伟大的国王为了独立而与越南北方的强大邻国中国殊死顽抗的故事。相反，在早期中国历史记载中，越南人是一群野蛮的需要开化的民族。在20世纪60年代到70年代，越南政府提供资金帮助考古挖掘，以支撑越南历史上的"伟大国王"理论。挖掘工程在红河三角洲进行，此处位于河内北边10英里（16公里）的东英县。这片地区被越南人认为是文明的发祥地。考古学家试图寻找存在于越南历史中期繁荣期的文化证据——处于新石器时代之后，但是早于中国控制越南的公元前111年。

考古学家发现的东西既没有支持越南历史上的"伟大国王"论证，也没有支持"野蛮人"论证。他们没有发现任何辉煌城市的遗址，但是发现了几乎用了60年来建造

的一处建筑的墙壁。几代人在这里建造的工程看上去更像一个在复杂的社会机构控制下建造的巩固国防和维护资源的工程。这队人马还发现了一些和中国非常相似的砖块，这些砖块出现的年代比实际上从中国传入的时间还要早。这就反驳了传统的看法，传统上认为他们和北方的强大邻居经常发起战争。相反，这一发现表明在历史上，越南人和中国人进行着友好的贸易往来，并长期和平共处。

断代争论

泰国农汉地区的班清，可能发现了东南亚最有名的青铜器时代遗址。这可能也是最有争议的地方。1966年8月，一名居住在班清的人类学学生史蒂夫·杨为了他的博士论文去拜访导师。当他在一条路上走着时，被一棵树根绊倒了。在地上，他发现了一个陶器的顶部。把这个陶器挖出来之后，他注意到这个陶器是用古老的方法制作的，上面刻画着独特而又离奇的花纹。

东英县出土的青铜鼓，目前放在河内博物馆。

对班清的重建。

接下来的一年里，对这里的系统性挖掘又发现了人类骨骼、青铜陪葬品和米粒。刚开始，考古学家认为这是一个坟墓，但是后来又发现了民居，这就意味着这些人是埋葬在自己家下面或者附近的。

考古学家利用热释光判断年代法对陶器进行了断代识别。这项技术包括把陶器加热，然后计算从陶器里发射出的光线。这一方法可以测定聚集在陶器内部的电荷数量，由此推测出它的年代。测定的结果是相当惊人的：这个陶器出现于公元前4420—前3400年，这就形成了世界上最早的青铜文化。

当在1974—1975年对第二处遗址进行挖掘时，出土了足够多的有机物（大米和骨头碎片），这样就可以用放射性碳定年法确定时代。结果表明，这处遗址从时间上看要更新一点，最古老的坟墓也只到了公元前2100年，最近的出现于200年，同时最早的青铜器也标记到公元前2000年。

确定的新时间被所有人拒绝接受，人们围绕这处遗址和断代展开了激烈的争论。在随后的几年，从这里以及其他相似的遗址上挖掘出来的文物提供了新的证据，表明班清这里挖掘出的遗址的年代还是比较近的。

缅甸古老的普瑞古都施瑞·柴陀的城墙遗址。

山谷中的寺庙

　　东南亚丰富的佛教和印度教遗址保存在星罗棋布的精致的寺庙中。在柬埔寨，吴哥窟是世界上最大的宗教建筑，每年吸引着大量的游人至此（见 216 页）。虽然人行道、小路以及贮藏室都重新被森林覆盖，那些寺庙还是骄傲地矗立在那里。

　　缅甸的中世纪历史指的是 600—1600 年，当时的人们为了得到伊洛瓦底河谷的富饶之地而争战不休。这些人包括孟人、骠人、南诏人、缅甸人、若开邦人和掸人。然而，最伟大的馈赠就是骠人留下的，他们在 600—849 年控制着这片地区，缅甸人多集中在蒲甘，在 849—1200 年控制着这里，如今的缅甸也在缅甸人的管理之下。他们的文明成为缅甸考古学界发掘的重点所在。

缅甸汉林骠人的一些铭文。

汉达瓦底王宫

　　汉达瓦底王宫是莽应龙国王于1556年在勃固建立的一座皇城，而莽应龙建立了第二个缅甸王朝。这座庞大的宫殿包含76个房间。这座宫殿在1599年被烧毁，不过在20世纪90年代考古挖掘后重见天日，在这里面发现了1 800件石灰岩制成的佛像。通过考古挖掘得到的知识以及最初的建筑图纸可知，宫殿的一部分被重建了，包括观念大厅和王座。

上图
勃固的汉达瓦底王宫，由莽应龙国王在16世纪修建。

　　达耶其达亚城坐落在距离现代城镇卑谬5英里（8公里）远的地方，是伊洛瓦底江北部骠人建造的最大的一座城市。从1907年开始，考古工作就在这里陆续展开。从1964年开始，考古学家集中在这里进行考古挖掘，对遗址进行保护性开发。他们在这里发现了一座圆形的城市，直径有2.75英里（4.4公里），由一圈拥有64个门的城墙包围着。这座城市中有舍利塔、塔、民居、一个宫殿以及53处古代坟墓。考古学家发现了金的、青铜的和石头的雕像，以及用三种文字雕刻的铭文，上面还刻着国王的名字和生活的时间。

　　蒲甘是缅甸第一个王国的首都，许多遗迹都是在11—13世纪该王国处于顶峰时留下的。它在考古意义上与吴哥窟不相上下。在蒲甘和周边的平地上，发现了超过1万座佛塔、塔和寺庙，有超过2 200个建筑遗址留存至今。古老的文物陈列在1902年建成的蒲甘考古博物馆中。

巨石遗址

　　印度尼西亚的考古遗迹遍布历史上的任何一个时期。其中最著名的一处巨石遗址是位于西爪哇省展玉县西南部31英里（约50公里）处的古农巴东遗址。这处遗址于公元前5000年完成，是东南亚地区最大的巨石遗址。

　　在这里，结构复杂的阶梯状小山覆盖了大概62英亩（25公顷）的面积。巨大的火山岩矗立在顶端，周边围绕着石头墙壁遗址，人们可以通过高达311.5英尺（95米）的400块石头台阶到达这里。当地人认为古农巴东是多山的。根据民间传说，这里是由斯里旺奇国王在一夜之间修建成的。直到1979年，人们才开始对这里进行研究。

　　2012年的一次研究发现，这里最早的时间可以追溯到12 500年之前。在表面找到的文物可以追溯到公元前2800年。有9 000年历史的胶黏痕迹被发现了，它们是为了把石头黏在一起。探地雷达测定到在山下方49英尺（15米）处有一个巨大建筑。根据地质学家丹尼·希尔曼的说法，这处建筑可能包含有内庭、露台以及带阶梯的房间。希尔曼推测这里可能是个寺庙，于9 000—20 000年之前

游客聚集在古农巴东巨石遗址第四台阶处，这里位于印度尼西亚西爪哇省。

修筑而成。他还推测整座山就是一个古老的金字塔。如果这是真的，那么在爪哇就存在着迄今为止不为人知的技术先进的史前文明。

其他人很怀疑是否有这样的文明存在，特别是这里没有其他证据可以佐证。在附近一处洞穴里发现的 9 000 年之前的工具表明这里的文明非常低级。

墓穴和寺庙

在马来西亚的布秧山谷，有一处 2 500 年前的不规则古代建筑。从北边的日莱峰到南边的双溪河，这里占地约 86.5 平方英里（224 平方公里）。考古学家在这里发现了 50 个寺庙坟墓，被称为"坎迪"。挖掘工作还发现了一个码头遗址、炼铁遗址以及一块纪念碑。建造于遗址上的布秧山谷考古博物馆，陈列了许多在这里出土的文物，包括有铭文的石制匾、棺材、金属工具、陶器以及印度教雕像。

在 20 世纪 50 年代到 60 年代期间，在布秧山谷的考古研究是由西方考古学家引领的，他们包括贺拉斯·里奇·威尔士、桃乐茜·威尔士和阿利斯泰尔·兰姆。直到 20 世纪 70 年代，当地考古学家才开始继续在这里的研究。在马来西亚政府的支持下，他们开始挖掘和重建工作。直到 2008 年，一队马来西亚考古学家在布秧山谷挖掘到一个港口遗址。2010 年，他们在这里出土了一块 1 900 年前的黏土碑，上面有精美的几何花纹，很有可能是用来祭拜

位于马来西亚吉打州布秧山谷的距今 2 500 年前的印度教 – 佛教考古遗址。

太阳的。

　　还有一些几经周折的故事：2013 年 12 月，这里的考古学家迁怒于一个土地开发商，因为他破坏了一座 1 200 年前的印度教寺庙（11 号寺庙）。当挑战出现后，当地政府声称这块土地是私有的，因此他们无力去保护这处寺庙。这一行为引发了持续的争论，在此背景下，马来西亚旅游和文物部门做出声明，表示布秧山谷是一处历史遗址，这就避免了未来此处可能因私人开发而遭到破坏。

宝藏的坟墓

　　由罗伯特·福克斯在 1962—1965 年带领的团队，于菲律宾巴拉望的利普温角挖掘了马农古尔洞穴。他们在里面发现了涂抹着红色图案的人类残骸，上面还戴着用翡翠、贝壳和石头珠子装饰的手镯。他们还发现了特别的葬礼用罐子——马农古尔翁棺。棺材的盖子上面有一个"灵魂小船"雕塑，船上搭载着两个灵魂去往后世。1965 年，福克斯在巴拉望北部发现了莱塔洞，这是一处形成于公元前 1500—前 1000 年的拥有许多石器和陶器的坟墓遗址。其中包括著名的莱塔大嘴贾莱特，这是菲律宾最早的陶罐。

　　2007 年，一队由阿曼德·米哈雷斯带领的团队在卡加延省彭纳布兰卡附近的卡亚俄洞穴里发现了脚骨。这只脚骨被证明有 67 000 年的历史，这是亚太地区发现的最早的人类化石。

寺庙之城

東埔寨在中世纪时是由高棉人统治的。高棉人留给世界最伟大的遗产就是印度教寺庙——吴哥窟，这是世界上最大的宗教建筑，占地403英亩（163公顷）。它以华丽的建筑风格以及美丽的雕刻艺术闻名于世。

吴哥窟在南亚考古学界是相当重要的，人们依然在对它进行着持续研究。1997年，一队考古学家启动了大吴哥窟研究（GAP），以期利用土地测绘、航拍技术和探地

雷达技术绘制出周边地区的地图。这个工程于2007年结束，结果证明吴哥窟的面积比之前预测的要大很多。事实上，在12世纪时，吴哥窟达到顶峰，是世界上最大的城市中心，在它周边的郊区居住着100万人口。研究发现，这里有74处寺庙、1 000处人造池塘，也有着联结整个城市的庞大灌溉系统，为吴哥窟居民提供恒定的水源以及作物灌溉用水。吴哥窟的成功也预示着它的衰落：研究发现过剩的人口造成了对森林的滥砍滥伐及土壤退化，这导致了吴哥窟的衰落。

2012—2015年，进一步的研究使用了前沿机载激光扫描（激光雷达）技术。通过利用直升机上发射的激光照射，研究者可以看到地面之下的废墟细节。激光系统鉴定出一个呈几何形的陶制路堤，表明这里以前是个花园。他们发现

左上图
吴哥窟时代12—13世纪中的一块青铜佛板，上面刻画着一个坐在大象上面的有魔力的雕像以及土地女神南波罗陀罗尼。

右图
吴哥窟遗址的塔高寺盛景，随着时间的流逝，树木成为建筑中的一部分。

左图
吴哥窟遗址中一处描绘高棉文化的浮雕。

一些寺庙修建好了，但是在吴哥窟建造过程中又被摧毁了，在这些寺庙南边还有一些不知名的建筑。这次扫描还发现了一些低密度居住群，一些道路网络、池塘和小山丘，可能是供住在寺庙里的人使用的。

上图

洞穴探险家在菲律宾卡加延河的卡亚俄洞穴中。

　　2012年，在布湍市，考古学家发现了一艘被称为划艇的船只遗迹。这艘船大概有82英尺（25米）长，有着800年的历史，在时间上，它比16世纪欧洲人登陆菲律宾时使用的船还要早。

　　菲律宾最早的文字记载是拉古纳铜板铭文，成书于900年。这是1986年在拉邦河口附近发现的。铭文用卡维文书写，这是一种古老的爪哇文字，铭文记载的是一笔债务收入。

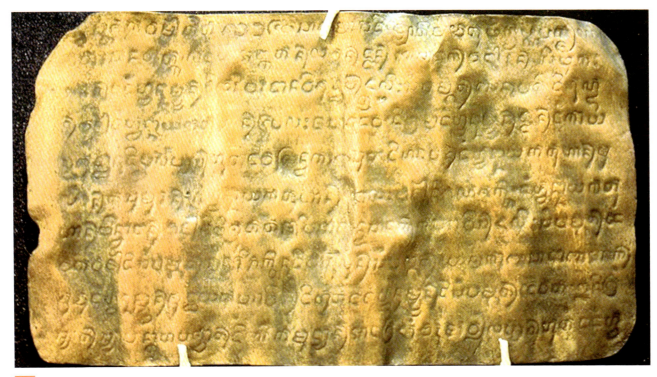

上图
菲律宾三子树河中发现的拉古纳铜板。

上图
马农古尔翁棺，公元前 890 年—前 710 年的新石器葬礼用罐子。

卡罕提克石灰岩古墓

也许菲律宾最著名的考古发现就是 2011 年在卡罕提克森林中发现的一处墓葬。在这里，来自菲律宾国家博物馆的考古学家在地底下发现了一处距今 1 000 年的村庄遗址。在遗址中，他们发现了出现于 10—14 世纪的 15 个大的石灰岩棺材。对它们的年代的确定是通过对其中一个坟墓中的人类牙齿进行研究而得出的。如果这个断代是正确的，那么这里就是菲律宾最早的石灰岩坟墓。在属于这个时期的其他遗址中发现，菲律宾人用的是木制棺材。这些石灰岩棺材是矩形的，就像埃及的石棺，当然这里的棺材更加简单，也没有任何装饰。这些石灰岩棺材需要用金属工具打制，说明了当时这里的居民比之前认为的那样要更加富有技术性。在坟墓中间，考古学家发现数千个陶器瓶、金属物品，以及人类遗骨碎片，猴子、野猪和其他一些动物的骨头碎片。

绚烂的南亚文明

作为世界上最早的文明之一，印度河谷的历史（见116—125页）在南亚历史（包括当代阿富汗、孟加拉国、不丹、印度、马尔代夫、尼泊尔及斯里兰卡）中是时间比较长的一个。这里最早的来访者可以追溯到7世纪来自中国的玄奘。在他之后，还有其他人来到这里，比如马可·波罗、伊本·白图素以及达·伽马。

西方对南亚文化的痴迷

在这片区域的考古工作记录最初来源于18世纪，威廉·琼斯爵士在1784年在加尔各答建立的亚洲研究社团激发了世界上对东方文化研究的热潮。最早对这里进行发掘的欧洲人是吉恩·巴普蒂斯特·图拉，他是意大利雇佣兵，受雇帮助锡克军队实现现代化。他闲暇的时候在白沙瓦地区游荡，在开伯尔山口地区进行舍利塔的挖掘，在这里他发现了希腊硬币。接下来，他带动了亚历山大·坎宁安在这里的考古工作，此人在1861年成为印度第一位测绘局长以及印度考古研究院的领导，直到今天，他的名字在印度工作的考古学家那里都还如雷贯耳。

亚历山大·坎宁安开始对佛教文化着迷。作为印度考

右图
亚历山大·坎宁安（从右数的第四位），是印度考古研究院的第一位领导。

左图
意大利雇佣兵吉恩·巴普蒂斯特·图拉，他喜欢在开伯尔山口度过他的闲暇时间。

古研究院的领导，他带领了对沙那和菩提伽耶的挖掘。他发现了佛陀时代的那烂陀寺。在遗址上，他发掘出两排平行的庙宇和宫殿，其中许多庙宇和宫殿带有雕刻的镶板、卷轴装饰的墙壁、车轮样的贵重徽章，以及大量早期铸造青铜的活动证据。

跟随坎宁安的足迹之后的是罗伯特·布鲁斯·富特和约翰·马临危歇尔爵士，后者通过对摩亨佐·达罗和哈拉帕的仔细挖掘，为南亚历史增加了许多内容。

印度帝国

公元前 323 年—前 185 年 孔雀王朝	30 年—375 年 贵霜王朝	320 年—550 年 笈多王朝	606—647 年 哈沙王朝	1206—1526 年 德里苏丹国	1526—1540，1555—1857 年 莫卧儿帝国	1645—1818 年 马拉塔帝国

亚历山大·坎宁安在那烂陀寺出土的绚烂的寺庙，他在印度时对佛教产生了极大的兴趣。

《梨俱吠陀》是印欧语系中已知的最古老的诗歌集。

《梨俱吠陀》

　　《梨俱吠陀》集合了 1 028 首诗歌，是为了歌颂公元前 1500 年第一次在印度大地上出现的雅利安神而创作的。它几乎不能算是一部历史记录：不仅没有任何历史记载的企图，而且人们普遍认为，它记载的时期已经过去了几百年了。然而更重要的是，这部诗集是用梵文写成的，梵文是雅利安文字以及希腊语和拉丁语的古老源头。比如说，VEDA，在梵文中的意思是"知识"。

多国时代

在印度山谷文化消失不久之后的这个时期被称为印度黑暗时代，是从公元前1500年开始的。在这一混乱的世纪里，出现了一本记录了各种事情的书，书名叫《梨俱吠陀》。这是世界上最古老的宗教著作，成书于公元前1700—前1100年。这本书最重要的方面，是阐明了佛教的起源以及印度山谷文明消失之后混乱时期的印度历史。

这是一个印度北方帝国不断兴起又沉没的时期，也是印度南部，尤其是金奈附近，迈索尔和喀拉拉邦附近的定居点不断出现的时期。在这里，丘陵和茂密的丛林影响了这个大政治实体的发展。然而，虽然在印度北部中央集权制很强大，但是印度还是被人们认为是宗教多样性的国家，这种看法一直持续到今天。

这一时期最重要的事件就是雅利安人的出现，以及他们在亚穆纳河东部山谷和恒河流域定居的事情，这两条河最终都汇入了孟加拉湾。雅利安人在东部定居已经被证实，

上图

灰陶文化的代表——陶器碎片。

下图

克利须那神的出生地——马图拉宗教寺院，也是印度最著名的宗教遗址。

左图
巴连弗邑首都的女神雕像，她的武器就是燃烧的头发。

右图
阿育王统治时期在毗舍离的一个石柱（背面）。

因为在这里发现了灰色陶器。有两处遗址出土：马图拉，被认为是印度克利须那神的出生地；在 1940—1944 年首次被发掘出的阿希卡特拉，是当地人在公元前 600—1100 年的定居点。

除了雅利安人非凡且复杂的超自然的信仰体系外，另一个更为明显的特点就是在雅利安人的定居点上，他们与土著居民达萨斯人进行了长期的斗争。达萨斯人最初被击败，这也成为印度种姓制度的起源，达萨斯人成了贱民。

在公元前 1000 年，这个原因很大程度上在于当地种植水稻，这成为这一区域的主要作物。在公元前 500 年前，界限清楚的 16 个定居点，或者称为"十六国"出现在恒河平原。它们的数量逐渐减少到 4 个，包括在恒河岸边有着坚固首都巴连弗邑（也被称为华氏城）的摩揭陀国，

它在公元前 4 世纪末成为伟大印度王朝——孔雀王朝的核心。更重要的是，佛教和耆那教是在这里发展起来的。

孔雀王朝是由旃陀罗笈多王子创建的。在公元前 325 年，他进行了一系列政变，夺取了摩揭陀国的统治权并且把他的势力拓展到东南两方。在孔雀王朝的最初统治下，巴连弗邑依然是最重要的城市。尽管这座城市的大部分沉睡在今天的巴特那城之下，但是对遗址的挖掘却揭示出这里曾经的广大和繁华。

印度孔雀王朝在公元前 3 世纪在旃陀罗笈多孙子的治理下达到鼎盛。在帝国发展过程中，巴连弗邑也随之得以发展。据称，巴连弗邑人口达到 150 000 人，它的木墙拥有"570 座塔和 64 个门"。更重要的是，这里的建筑风格，特别是被称为"巴连弗邑首都"的纪念碑，上面清楚地显示着巴基斯坦和希腊风格，这是亚历山大大大帝第一次征服波斯、印

度之后的结果，亚历山大大帝于公元前327年到达印度。它表明中东和印度北部的文化交流持续了几个世纪。

这里至少受到阿育王佛教的影响，这是由组织良好的行政系统完成的。这些事情在《政事论》这部书中有所记载，这本书是由钱德拉古普塔的首席部长考底利耶编写的。它造成了大概84 000座佛塔，半球状的纪念碑是用石头或砖建造的，用于存放遗骸。最著名的是桑奇大塔，建造及重建于公元前3世纪和12世纪。同样具有特色的是建造了一系列壮观的石柱，类似于佛教的宣传物。许多石柱上面有着狮子雕像和轮状物，这些象征着世界。阿育王被尊称为转轮王，或者是"持轮者"。

孔雀王朝是短命的。在一系列的入侵和殖民之后，孔雀王朝迎来了领土的消失以及突然间的崩塌。这些定居点中持续最久的是于300年之前300年时光里存在的贵霜王朝，它宣称对印度西北部大部分地区拥有主权。罗马帝国的崛起至少重建了次大陆与更广阔世界的贸易联系。1世纪，罗马的蒲林尼对进口奢侈的印度货物而花费的巨大支出发出感叹。同时，从地中海地区把葡萄酒、铜器、枣子、奴隶和珍珠运送到印度。与中国之间的陆上贸易也同样开始出现。

佛像雕刻被视为一项有价值的尝试。

桑吉寺庙

阿育王对佛教的拥护展现在他修建的一系列寺庙上。在这些寺庙中，位于印度中部的由桑吉在1世纪重建的寺庙还保持着最大限度的风采。它以佛塔的样子面世，是一处符号结构，一个半球形的圆顶高高耸立在神圣的遗迹之上，充当着宇宙的全部样子——圆屋顶意味着天堂。环绕着它的是一座巨大的石墙，上面有四个门，每个门都与四个基本方位相对。直到1912年，当这处遗址被印度考古局接管以后，人们才开始尝试对这里进行保护。

接下来是笈多王朝，300年，这个王朝扩展到巴连弗邑，在那里，他们管辖的王朝在面积上可以与孔雀王朝相比。他们对印度教的大力弘扬，使许多人把笈多印度称为印度古典时代。事实上，笈多文化从来没有扩展到次大陆的南部边境，笈多文化的势力只在马德拉斯和斯里兰卡有所发展和壮大，并且在480年经受了突然间的、暴力的覆灭。那时从亚洲中部入侵的游牧侵略者白色匈奴人到达印度，印度沦为"在侵略者中间混乱而生的小国家的混合体"。在世界层面上看，直到16世纪，印度才重新出现在人们眼前。

圣洁的男人和哲人

早在公元前327年，当亚历山大大帝到达印度边界展开史诗般的战争时，印度在远古时代人们的印象中因它拥有圣洁的男人和哲人而闻名。

佛教以令人惊讶的速度在东亚和东南亚大部分地区传播。大乘佛教在可视化佛陀方面扮演了重要的角色。创造这样的形象本身就被认为是一件有价值的事情。因此，从1世纪开始，在印度中部出现了大量与佛陀有关的雕刻艺术以及半身菩萨像。

在现存的文物中，最古老的是2013年在尼泊尔蓝毗尼发现的佛陀本像，这个地方在传统上被认为是乔达摩·悉达多的出生地。挖掘工作由英国考古学家罗宾·康宁汉带领的团队进行。如果临时确定的时间公元前550年是正确的，那么这就意味着传统上认为的乔达摩·悉达多出生于公元前563年，就已经晚了一个世纪，因为在这之前佛教的一些仪式已经出现了。

绝大多数佛像都是自公元前1世纪起创造的。有两个最主要的中心：一个是犍陀罗，这个国家的范围跨越了印度西北部，以及巴基斯坦和阿富汗的一部分；另一个是北印度城市马图拉。犍陀罗雕像明显受到希腊雕像的影响。最好的例子可以追溯到公元前3世纪—前2

右图
位于阿富汗中部的巴米扬的一处佛像雕刻，是世界上最高的佛像雕刻，在2001年被塔利班所损毁。

世纪，在大英博物馆展出了一些藏品。这些展品来源于巴基斯坦马尔丹镇附近的贾马尔·加希的一座寺庙。这座佛寺于 1848 年由亚历山大·坎宁安发现。10 年后，这尊雕像和其他物品一起，由英国军官克罗腾中尉率领的考古探险队所发现。

处于危险中的遗产

在阿富汗中部的巴米扬地区，有两尊 6 世纪创作的佛像雕刻在悬崖表面：一尊高 115 英尺 (35 米)，另一尊高 174 英尺 (53 米)。国际社会的暴行促使了在这一地区持续的考古努力，在 2004 年考古学家在当地发现了 50 个鲜为人知的未知洞穴，在其中的 12 个洞穴中发现了绘有佛陀的壁画。这些壁画用混合油料作为基底，这就成了世界上已知的最早的油画。

印度西部马哈拉施特拉邦的阿旃陀洞穴中发现的艺术品是另外一个生动地展现卓越的传统佛教艺术的例子。按照西方的说法，它们在 1819 年被另外一个英国军官约翰·史密斯所发现。洞穴的建造时间集中在公元前 480—前 460 年这一短暂的时期。

这些作品和其他的早期艺术成为那个世纪以及后来艺术品的先驱，包括以艺术品闻名的莫卧儿帝国。

右图
印度西部阿旃陀洞穴中间陈列的佛陀雕像。

考古学发展

《圣经》

　　《圣经》是一部文集，也是一部非凡的历史书籍，上面囊括了关于老一代圣地的丰富记录。这两个因素催生了圣经考古学。早在 150 年前，最早的圣经考古学家一手持《圣经》，一手赶车，尝试证明《圣经》记载的真实性。他们的兴趣已经从确定《圣经》的字面意思转移，集中到阐明犹太－基督教传统上来。

　　圣经考古学家对他们的研究范围持不同的意见。其中一些圣经考古学家研究的时间跨度较长，从公元前 8000 年到 600 年，这是耶路撒冷最早出现的时间，直到穆斯林军队入侵为止；其他人研究的时间比较短，从公元前 2000 年到 100 年，这是亚伯拉罕作为希伯来人领袖的时间到约翰作为福音传道者去世的时间。同样，圣地本身也不是一个精准的术语。它的核心是黎凡特南部，包括现在的以色列、巴勒斯坦和约旦，但是许多人认为它应该包括在《圣经》中提到的边缘地区，如埃及、叙利亚和美索不达米亚。

一本好书及指南针

　　现代圣经考古学的起源可以追溯到 19 世纪中期，当时，诸如爱德华·罗宾逊之类的欧洲考古学家只带着指南针和《圣经》，冒险进入圣地。1867 年，查尔斯·沃伦

刻有腓尼基文字的米沙石碑（也被称为摩押石碑）。它讲述了基抹神及摩押人与以色列人战斗的故事。

坐落在耶路撒冷圣殿山下的奥费尔山考古公园。

在以色列古木兰洞穴中展出的一部死海古卷。

死海古卷

圣经考古学家最重要的发现发生于 1947 年，当时，一个贝都因牧羊人穆罕默德在犹地亚沙漠寻找一只丢失的山羊时进入一个洞穴，在那里他发现了一些古老的瓶子。他发现在这些瓶子中放置着一些书卷。他的发现在随后被称为死海古卷。随后的挖掘工作出土了 800 多个这样的书卷，书写在制造从公元前 300 年到 100 年的成千上万个羊皮碎片上。这些手稿是用希伯来语、亚拉姆语和希腊语写成的，其中包括圣经内容、祈祷文和律法条文。这使它们成为迄今为止所发现的最早的圣经版本。

和查尔斯·威廉·威尔逊调查了耶路撒冷的圣殿；1870 年，法国考古学家查尔斯·克莱蒙特·加诺研究了约旦米沙石碑上的铭文。英国、法国、美国及德国政府多次为前往圣地探险的考古学家提供资金，唯一的目的就是证明圣经故事是真实的。

英国托管巴勒斯坦时期（1922—1948）见证了圣经考古学的巨大发展。当时，该领域已经分裂成两大流派："极简抽象派"，他们相信《圣经》是非历史的宗教文献；"最高纲领派"，他们认为《圣经》所述应该被接受为历史，除非考古学上有其他证明。

当时起主导作用的人物是美国学者威廉·奥尔布赖特。奥尔布赖特坚信考古学证明了圣经故事的真实性。英国考古学家凯瑟琳·凯尼恩在 20 世纪 50 年代对这种观点提出质疑。她领导了对耶路撒冷奥费尔山和耶利哥的挖掘工作。

她和其他人的发现清楚地证明了圣经故事和实际情况之间存在明显的差异。1948 年以色列建国之后，以色列考古学家进入这块地方。随着以色列在 1967 年第三次中东战争中取得胜利，他们将活动范围扩大到耶路撒冷及已占领的约旦河西岸地区。例如，本杰明·马扎尔发掘了耶路撒冷圣殿山的部分遗址。

本杰明·马扎尔接受了像亚述研究者那样的训练,他是以色列建国之后第一个得到许可对当地进行考古研究的考古学家。

马德巴地图的一部分,约旦马德巴圣乔治拜占庭教堂上取下来的马赛克图案。它是关于圣地最古老的地图,可追溯到6世纪。

以色列人

今天的大多数圣经考古学家都认为《圣经》中关于早期以色列人的记载——亚伯拉罕、以撒、雅各、约瑟、摩西、约书亚等的故事——都来源于历史记忆的真实事件。从来没有考古证据表明以色列人曾经在埃及,或者是他们穿越了沙漠,在军事战争中打败了迦南人。在《圣经》中,大卫王被描绘成主要的军事首领,但实际上他可能只是一个小部落的领袖。

1896年,埃及古物学家弗林德斯·皮特里在底比斯发现了麦伦普塔赫石碑,它被建造于公元前1206年,上面提到了一支迦南人和一些城市,其中就有以色列,它被描述成一个民族而不是一个国家。20世纪70年代,以色列考古学家对前迦南地区——位于耶路撒冷北部和南部的中央高地,以及下加加利地区进行了挖掘,在后一地区发现了公元前13世纪—前12世纪的山顶小山村遗址。目前,已有超过300个村庄被发现。

与《圣经》记载的这里被入侵的以色列人军事征服过不同,考古学家没有发现武装冲突的证据。他们在很长一个时期里,过的是和平的日子。目前,许多学者认为以色列人实际是迦南人,他们从低地和河谷地区迁移而来,在此处定居。

考古学家发现了公元前10世纪到公元前9世纪之间以色列王国存在的证据。在以色列北部的但城发现了公元前840年的碑文,上面记录着"大卫之家"。这里也发现了一些证据,支持所罗门国王加强他的三个城市夏琐、米吉多以及基色的防护。1957—1970年,以色列考古学家伊加尔·亚丁在这里进行研究工作,发现每个城市的大门在结构和设计上都完全相同,这就支持了《圣经》中的解说。

一个上帝还是两个？

　　根据《圣经》的记载，以色列人从摩西时代开始有了一神崇拜。精英分子是这样的，但是以色列的普通群众也如此吗？1968年，美国考古学家威廉·迪弗在希伯伦附近穿越了一处公元前8世纪的墓地，查看了其中的希伯来墓碑。上面写着"耶和华和他的阿瑟拉"。阿瑟拉是迦南女神。普通以色列群众依然在摩西时代以后的几个世纪里同时崇拜耶和华和他身边的古老女神。20世纪70年代，更多的碑文被发现，上面写着耶和华和阿瑟拉。此外，在整个地区的坟墓和民居中，出土了建于6—10世纪的女性神像。迪弗认为，直到公元前6世纪，被掳巴比伦时，犹太人才真正完全成为一神论者。

一名考古学家查看了这份神庙卷轴的副本，这份卷轴是死海古卷中最长的一份，是在1967年第三次中东战争中获得的。

麦伦普塔赫石碑记录了埃及国王麦伦普塔战胜利比亚人和他们的盟友的故事。在27行有一处象形文字，许多学者把其译为"以色列"，这是关于以色列最早的文字记载。

墙之战

　　约书亚烧毁了耶利哥之墙吗？圣经考古学中最有争议的一点就在此。20世纪30年代，在由约翰·加斯唐带领的挖掘工作中，在被称为第四城的地方发现了一层燃烧物质，表明这座城市曾经被大火烧毁过。加斯唐确认第四城的历史可追溯到公元前1400年，与《圣经·约书亚记》中记载的以色列人毁灭城市的时间是一致的。然而，当凯瑟琳·凯尼恩在20世纪50年代对遗址进行研究时，她重新确定这一破坏层的时间为公元前1550年。利用当今更为精准的放射性碳定年法，荷兰考古学家昂德里克·布鲁因斯和约翰尼斯·凡德·蒲林特把烧焦的一层确定到公元前1562年，证实了凯尼恩的理论。尽管圣经故事并不是在任何情况下都是正确的，但通过观察三个主要的层次，凯尼恩在城市中为超过20处的地址确定了清楚的时期。她还发现了围城的证据，包括烧毁粮食以阻止围城者攻城并获取粮食。

上图
泰勒·苏丹的遗址，更为知名的名字为耶利哥，这是世界上最古老的城市。

上图
在以色列北部的但族领域发现的一块石碑碎片，上面第一次发现在《圣经》以外对大卫王的描述。

左图
一尊丰腴的女神雕像。在摩西时代之后的几个世纪里，以色列人依然对该女神和耶和华保持了同样的敬畏。

将经文带入生活

　　当一位圣经考古学家有所发现时，很可能会成为头条新闻。只要看看人们为发现约柜所做的声明就知道了。现在，比起早先的先驱者们来说，现在的圣经考古学家在方法上已经更加严格而科学了，他们再也不试图去证明圣经故事的真实性了。相反，他们在另一种意愿的驱使下，去发现《圣经》中描述的地址上的物质遗迹，并用来照亮一个早已消失的世界。

战争年代

就像经常说的那样，历史是被胜利者书写的。直到现在，那些说起过去战争故事的人还是会倾向于依靠已有的文字记录，尽管这些不是真的或者是带有偏见的。要想从发生过残忍事件的战争之地发现事实是非常困难的，但是考古学是一个强大的武器——

从 20 世纪 80 年代开始，历史学家发展出了一个新的武器以用来理解事实：考古学。它对问题做出解答：战争是怎样开展的？普通士兵经历了什么？什么因素影响了结局？

研究新领域

1984 年，在美国考古学家道格拉斯·斯科特对 1876 年的美国蒙大拿州的小巨角战役遗址展开研究时，创建了战争考古学。在战争过程中，由乔治·卡斯特领导的美国 7 世纪骑兵与苏族人、夏延武装队伍打得难舍难分。斯科特佩戴着金属探测器，和他的队伍一起研究战场是不是犯罪现场。通过定位和分析遗址不同地方的子弹，他们尝试精确地找出美国部队和美洲土著人胶着之处，对抗和冲突是在哪里发生的，整个部队在战场中是如何移动的。通过这些方法，斯科特给出了战争精确的时间轴。

一些学者对斯科特的分析提出质疑，因为从 1876 年开始，遗址处的地质就发生了变化。此外，经过许多年之后，盗墓者窃取了大量的子弹。战争考古学家经常会面对这种形式的批评，有一些还是正确的批评。历史文件为遗址上发现的内容提供了必要的文字性证据。

右图
乔治·阿姆斯特朗·卡斯特。

下图
查尔斯·马里恩·拉塞尔绘制的"卡斯特战役"（1903
年）图画，画上描述了小巨角战役。

条顿堡森林战役

　　1988年，一位考古学爱好者托尼·克伦少校随同英国部队驻扎在德国，他佩戴着金属探测器对著名的条顿堡森林战役（9年）发生地开始探测。克伦在勘察了卡尔克里斯地区和各种军事账目后——在当地考古学家舒特博士的帮助下，认识到了南面的丘陵，即卡尔克里斯山脉、沼泽地和北面的军事道路之间的独特关系。他绘制了一个勘测网格，用自己的方法系统性地穿越网格。在那里，他发现了一些来自三根罗马弹弓身上的碎片，还发现了大量的银币。克伦发现了西方世界中最著名战役之一的遗址。卡尔克里斯是一个天然瓶颈，作为一名军人，克伦准确地辨认出在山谷和沼泽之间罗马军队被俘虏的确切地址。

上图
在条顿堡森林战役遗址上发现的一些银币。

下图
德国卡尔克里斯附近条顿堡森林战役遗址。

工具和方法

金属探测器是战争考古学家最重要的研究工具，它可以用来探测在战争中留下的金属制品——武器及弹药。

但是战争考古学家同样需要一队专业人员。地球物理学家利用地面渗透传感器分析地下特征，用挖掘机打开地下的口子，当他们挖到深处时，就做出标记，拍好照片；维修人员掌握了重见天日的文物的细节；人类学家对残骸进行研究；历史武器专家研究了被发现的武器和弹药。一步步地，他们绘制出了战争的细节图。

右上图
戴维·莫坦克埃绘制的卡洛登战役之图（1746 年）。

下图
一位考古学家正使用金属探测器对巴尔的摩的拉菲特广场进行研究。

卡洛登战役

在考古学家对卡洛登战役进行研究时，发现金属探测器相当有用。这场战役意味着雅各布·里辛最惨烈的时刻。1746 年 4 月 16 日，查理·爱德华·斯图亚特（波尼王子查理）的雅各布势力被坎伯兰郡的威廉·奥古斯特公爵所领导的忠诚军队打垮。在苏格兰因弗内斯之外的雨后沼泽地里发现了这场英国土地上最后的激战遗址。在 250 多年之后的 2005 年，一群考古学家确定了汉诺威战线的左翼（英国境内），也确定了雅各布武装冲锋后打击部队的地方。它们都显示，战场的实际面积要比之前预想的大很多。

左图
矗立在战场上的卡洛登战役纪念碑。

博斯沃思原野之战

1485 年 8 月 22 日，在莱斯特郡博斯沃思原野上发生的战役改变了英国的历史。理查德三世在战役中死去，他是当时约克王朝的统治者，也是最后一名金雀花家族的成员。当时的胜利者亨利·都铎在战场上加冕为亨利七世，都铎王朝从此开始走上统治地位，一直到 1603 年为止。但是，无论从哪个意义上说，战场的发生地都是一个争论不休的问题。

在当时，超过 200 年的岁月里，人们都认为战场的发生地在莱斯特郡萨顿·切尼附近的安比昂山上。一块石头纪念碑记录了理查德三世可能的去世地点。2004 年，莱斯特郡议会要求战争考古学家格伦·福尔德博士针对这一说法进行确定性研究。福尔德集合了一个多学科团队来调查战争发生地。

首先，他们重新评估了传统的文件证据。文字记录表明当时存在过一个沼泽地。这个团队对 2.75 平方英里（约 7 平方公里）的土地进行了研究，里面包括了所有可能的沼泽地。他们分析了当地田地、牧场和其他地点的早期名

博斯沃思战役游客中心的理查德三世纪念碑。

博斯沃思战役新地址上发现的镀银的野猪纹样徽章。

称，绘制了土壤和泥炭沉积图，以确定沼泽可能干涸的地方。

对中世纪风景的重建让他们成为破解谜题的候选人。对泥炭沉积物进行的放射性碳定年法以及随后的花粉分析法，都揭示出了当时沼泽的所在地。

他们利用金属探测器进行了系统性的考古研究。他们扫描到了 22 只铅射炮弹以及从早期手枪中发射的子弹。炮弹最大的直径在 93 毫米，这就告诉我们在博斯沃思的战士们已经发明了足以致命的中型加农炮，当时被称作猎隼。

最后，在一次非同寻常的机会下，他们终于找到了战场的确切位置：发现的一枚镀银的野猪纹样徽章是理查德三世的身份证明。经过 4 年辛苦的工作，专家们对发现的东西集中进行了考古学研究，终于有了成效。新的博斯沃思跨越芬恩·莱恩罗马道，靠近芬恩·莱恩农场。距离安比昂山西南侧有 1.75 英里（3 公里）。

发现理查德三世

2012 年，在莱斯特汽车公司地下发现了一具骸骨，上面有着明显的脊柱弯曲，骨骼学家认为他们终于找到了理查德三世的遗骸，证据就是在许多节脊柱上有着脊椎外翻。这些骨头本来应该是对称的，但是这具遗骸却不是对称的。理查德三世的右肩膀明显比左边的高。这种疾病会在他年老时更为严重，给他的肺部造成压力，也可能会引发呼吸短促的毛病。在理查德三世的事件中，这个证据是很明显的，随后的 DNA 分析证明了这一点。国王的遗骸最终在 2015 年 3 月 26 日被安放到莱斯特大教堂中。

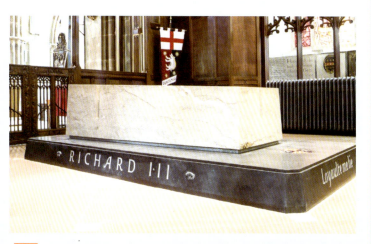

国王理查德三世在莱斯特大教堂的新坟墓。

寻找遗址

让人吃惊的是，一个单一的战争如何改变了整个国家的语言、文化及随后的历史，甚至像卡尔克里斯和阿莱西亚发生的事情一样改变了大部分欧洲大陆的命运。

公元前 52 年，一场战役在法国阿莱西亚的奥皮杜姆山上展开，尤盖乌斯·尤利乌斯·恺撒率领的罗马军团打败了由韦辛格托里克斯带领的强大的高卢部落联盟，罗马军团在这场战役中赢得了巨大的胜利。罗马规则、法律以及习惯逐渐成为这里的标准。

在蒙巴尔的东南部，也就是现在的勃艮第，目前面临的危险不是文化受到影响，而是专家的声誉问题。现代考古学的焦点是战役是发生在高卢地区，还是集中在阿利斯圣兰的现代村落附近的凯尔特山顶城堡中，究竟何处才是这场战斗真正发生的地方。

1865 年，拿破仑三世下令在阿利斯圣兰竖立韦辛格托里克斯的巨大雕像。2012 年，一个游客中心在这附近建成，花费了大概 7 500 亿美元。巨额的资金被投入这个遗址中。但是还有一个问题：在距离日内瓦 35 英里（56 公里）的侏罗山上的关键的遗址绍代克罗特奈，继续挑战着官方的关注。

争论双方都以考古学为决定性的证据。在绍代遗址，考古学家安德烈·贝尔捷发现了仅存的 33 英尺（10 米）高的青铜器时代壁垒、一个少有的石制的女神守望者，以及一些凯尔特物品，同时还有一个罗马军营遗物。

阿利斯圣兰的赞助商以 19 世纪 60 年代主要的挖掘工作为例证，这次挖掘工作出土了凯尔特人和罗马人的文物。

但是，就像他们的敌方那样称呼他们，"侏罗纪人"相信这些或者是由拿破仑三世的手下完成的。在反对这个结论的基础上，一队法德人在 20 世纪 90 年代对地下进行了挖掘，更为仔细地评估了高卢罗马人的遗物。一项现代的航空测量检测到一条军事防线，是一条内外围攻工事的遗址，可能就是恺撒告诉我们的他把高卢人关起来的那项工事。

麻烦在于马的骨骼。在遗址附近，发现了三个不同品种的马的骨骼。这是否意味着当时同时存在着罗马人、高卢人及日耳曼（罗马的雇佣兵）骑兵？

战争通常是短暂而混乱的事件，战争考古学可以为对历史战争的研究增加一定程度的精确性和细节性，这些在以往的文字资料中很少有记录。这可以告诉我们敌方是如何利用地形的，他们是如何部署和改变策略的，以及"战争迷雾"——当命令和控制崩溃、军队纪律开始瓦解时是如何混乱的。

这座两层建筑长 82 英尺（25 米），是绍代克罗特奈祭祀场地的一部分。一个三角形的石头从地面伸出来，较低的一层洞穴里有一块龟形的石头。在上面一层的壁龛里，放着一块神圣的石头。

20 世纪 80 年代在绍代克罗特奈附近的昂特尔德蒙特的拉谢山周围发现的一支铁矛，是典型的高卢时代到中世纪时期的产物。

水下的考古

　　对于考古学来说，水是最终的前沿。由于海洋无情的规则，使得深海潜水相当于进入一个无法控制的领域。即使在相对平静的地中海，这个道理也是实际存在的。1901年，一队装备精良的潜水队潜入112～164英尺（34～50米）深水下的安提凯希拉船，两个人受了重伤，一个人失去了生命。

左图

在安提凯希拉海难船上发现的古希腊陶器。

下图

乔治·巴斯博士，海洋考古学之父。

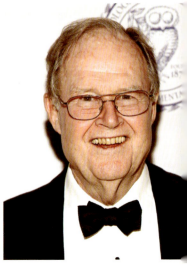

先驱者

　　这是一个考古学家完全依靠各种碎片信息的时代。20世纪60年代，这一切开始发生变化，这一学科的先驱者乔治·巴斯认识到，把一个考古学家训练成潜水员要比把一个潜水员训练成考古学家更为容易。

　　巴斯指导着第一次真正意义上的对古代沉船进行的科学挖掘，尽管他做的工作普遍被他的同行所怀疑。在当时，公元前2世纪的格里多亚沉船是发现的古老的沉船。巴斯对这艘沉船进行研究、指导、记录，他发明了水下网格；

他利用灵活的望远镜探头，使用早期的金属探测器来确定文物。他还在土耳其著名的乌鲁布伦沉船中进行了开创性的研究工作，这开创了考古学界对青铜器时代研究的独特视角。

　　有了对未到达的地区进行研究的能力，就可以去探索诸如五大湖深处沉船巷、海盗蓝胡子沉没的舰船、第二次世界大战时期塞班岛战役中沉没在太平洋中的飞机墓地等遗址。

安提凯希拉海难船上的齿轮。

安提凯希拉齿轮

在早期的海洋考古学中，水下的探索是技术精良潜水员的禁区。1900年，潜水员伊利亚斯·斯达迪出现在安提凯希拉村庄附近的水面上，他手里拿着在水下发现的一个青铜制的希腊雕像的胳膊。他的发现提示了一些奇妙的事物，包括公元前1世纪或前2世纪出现的安提凯希拉齿轮，这一先进的航海装置意味着古希腊拥有高超的航海技术。对水下考古学造成最大威胁的是远洋渔业，这不仅破坏了海洋环境，也让所有海床上的考古证据遭到破坏。在地中海上，考古学家面临着同样的问题。一些考古学家认为，今天，像安提凯希拉这样的装置再也制不成了。

乌鲁布伦沉船中发现的青铜器时代文物。

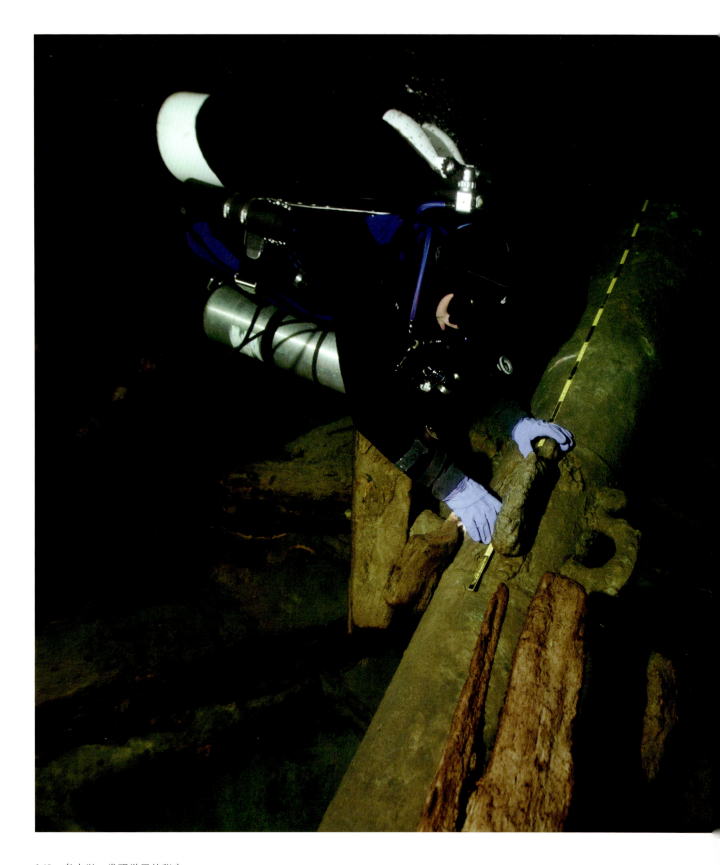

深海考古中面临的危险

直到 20 世纪 60 年代，水下考古还面临着许多危险：氮昏迷、被水下气流伤害、低能见度引起的方向迷失。建立在大量发明家（许多人在发明的过程中去世）一个世纪以来努力的基础上，雅克·库斯托及埃米尔·加尼安在 1943 年发明了水中呼吸机，至关重要地提高了直到今天还在使用的自给式水下呼吸器的校准性。

利用装备有侧扫声呐和 GPS 的远距离控制机器设备，现代的考古学家可以系统地分析出海床结构，利用无线电照明系统可以照亮海床，利用高清相机可以实时传输海底信息，可以在不把文物带出水面的情况下对发现进行研究和记录。

非常奇怪的是，海洋考古面临的最大困难之一是找出遗址最初位置。海洋发现潜水队经年累月地对 16 世纪的瑞典战神号舰船进行考古发现。最终在 2011 年，他们在波罗的海厄兰岛东边水下 245 英尺（75 米）的地方发现了保护完好的舰船。最伟大的沉船发现是巴达维亚，这是一艘隶属于荷兰东印度公司的商船，上面有着惊人的发现，包括一些珠宝。

梦想号

1912 年 4 月 15 号，泰坦尼克号在驶向纽约的处女航行中撞上冰山。在沉船 73 年后，1985 年 9 月 1 号，一架无人操作的水下设备打破了海洋深处的沉寂。这个设备是用神话航海家杰森拥有的光滑而漂亮的小船来命名的，被称为阿尔戈号，它带来了革命性的改变。之前，由伍兹霍尔海洋研究所的诺尔号船曾经运用高科技控制同轴光缆，使其尽头到达水下；而本探险队领导罗伯特·巴拉德博士也曾花去很多时间确定泰坦尼克号的位置，但他们都失败了。如今，阿尔戈号从深海中传出一系列关于这艘船的图像。

尽管如此，巴拉德在改变他的策略后才在定位船体上有了突破；不找船本身，而找船体碎片。在那天早上 2 点——几乎和泰坦尼克号沉没的同时——阿尔戈号发现了一个布满铁锈的锅炉的轮廓。

技术进步

泰坦尼克号是第一项非凡的水下挖掘工程。乔治·图卢克用冶金测试分析了船体解体的程度，但他真正感兴趣的是如何打捞出大船。奇迹般地，他在乘客霍华德·伊尔威的扁皮箱中发现了完整的书信以及其他一些物品。尽管拥有一张抢手的、昂贵的船票，但伊尔威压根没有上船。

这一发现给予詹姆斯·卡梅隆灵感，他导演了电影《泰坦尼克号》，他的团队将微型机器人放置到船头，为世人提供了关于沉船的信息，也告诉人们船现在的样子。渐渐地，更小更灵活的微型机器人被投入使用，用来发掘残骸中那些隐藏的房间和厨房。2010 年，由詹姆斯·德尔加多领导的探险队利用水下自动仪和远程操作仪，将遗址及残骸涉及的领域绘制成了完整的 3D 模型。

针对深海考古学的技术进步已经非常精细了。这一领域包括避碰软件、质子磁强计、高分辨率多波束剖面声呐、双频侧扫声呐、底部剖面声呐、电导率、深度和温度传感器。

水下之城

除了多年以来，以及正在进行的对大量海难船进行的研究，海洋考古学还对城市遗址进行研究和测定。在许多案例中，一些城市由于地震而消失在海中。

这一团队继续研究一些遗址，诸如埃及亚历山大港、

一尊埃及女神的雕像在沉没的伊拉克利翁市被发现。

在那不勒斯附近的巴亚水下发现的雕像。

牙买加的皇家港口。意大利的巴亚是另外一处研究点。这处位于如今巴科利镇附近的美丽海湾，曾经是罗马拉丁文学全盛时期皇帝的私人花园。尼禄在这里杀了他妈妈，历史学家塞涅卡把这里描述成恶魔的避难所。火山喷发使得这里的半个城镇都消失在水下，巴亚将会让考古学家花费数十年的时间去研究、描绘。

参考文献

Alva, Walter & Donnan, Christopher B.: *Royal Tombs of Sipan*, Fowler Museum of Cultural History, Los Angeles, 1830

Atwood, Roger: *Stealing History; Tomb Raiders, Smugglers and the Looting of the Ancient World*, St Martin's Griffin, New York, 2006

Bahn, Paul: *The Complete Illustrated History of World Archaeology*, Lorenz Books, London, 2013

Beard, Mary: *Pompeii: The Life of a Roman Town*, Profile Books, London, 2010

Carver, Martin: *The Sutton Hoo Story: Encounters with Early England*, Boydell & Brewer, Woodbridge, 2017

Castleden, Rodney: *Minoan Life on Bronze Age Crete*, Routledge, London, 1993

Catling, Christopher: *A Practical Handbook of Archaeology: A Beginner's Guide to Unearthing The Past*, Hermes House, London, 2014

Ceram, C. W.: *Gods, Graves and Scholars: The Story of Archaeology*, Orion, London, 2001

Charles River Editors: "The Minoans and Myceneans: The Civilisations that first developed Ancient Greek Culture", 2016

Christie, Agatha: *Come, Tell Me How You Live: Memories from Archaeological Expeditions in the Mysterious Middle East*, HarperCollins, London, 2015 (Reissue)

Cline, Eric H.: *The Trojan War: A Very Short Introduction* (Very Short Introductions), Oxford University Press USA, New York, 2013

Dalley, Stephanie: *The Mystery of The Hanging Garden of Babylon: An Elusive Wonder Traced*, Oxford University Press, Oxford, 2015

Donnan, Christopher B.: *Royal Tombs of Sipan*, University of California Press, Oakland, 1995

Galaty, Michael L. & Watkinson, Charles (Eds): *Archaeology Under Dictatorship*, Springer US, New York, 2010

Gamble, Clive: *Archaeology: The Basics*, Routledge, London, 2015

Gere, Cathy: *The Tomb of Agamemmnon: Mycenae and the Search for a Hero*, Profile Books, London, 2016

Hawass, Zawi: *The Valley of the Golden Mummies*, Abrams, New York, 2000

Hazel, John: *Who's Who in the Greek World*, Routledge, London, 2001

Hazel, John: *Who's Who in the Roman World*, Routledge, London, 2002

Joshel, Sandra & Petersen, Lauren Hackworth: *The Material Life of Roman Slaves*, Cambridge University Press, Cambridge, 2015

Kelley, Robert & Thomas, David: *Archaeology*, Wadsworth Publishing, Boston, 2016

Kirkpatrick, Sidney: *Lords of Sipan: A True Story of Pre-Inca Tombs, Archaeology, and Crime*, 2011

Leick, Gwendolyn: *Who's Who in the*

Ancient Near East, Routledge, London, 2001

Maspero, G.: *Manual of Egyptian Archaeology*, Forgotten Books, London, 2017 (Classic reprint)

Mays, Simon: *The Archaeology of Human Bones*, Routledge, London, 2010

Miller, George L., Samford, Patricia, Shlasko, Ellen & Madsen, Andrew: "Telling Time for Archaeologists", Northeast Historical Archaeology, 2000 (Essay)

Morley, Neville: *Ancient History: Key Themes and Approaches*, Routledge, London, 1999

Pearson, Mike Parker & Pollard, Joshua: *Stonehenge: Making Sense of a Prehistoric Mystery* (Council for British Archaeology's Archaeology for All Series), Council for British Archaeology, London, 2015

Pollock, Susan: *Archaeologies of the Middle East: Critical Perspectives* (Wiley Blackwell Studies in Global Archaeology), John Wiley & Sons, London, 2004

Powers, Thomas: *The Killing of Crazy Horse*, Vintage Books, London, 2011

Preston, John: *The Dig*, Penguin, London, 2008 (plus press interview, *The Guardian*)

Renfrew, Colin (Ed.): *Archaeology: The Key Concepts* (Routledge Key Guides), Routledge, London, 2004

Renfrew, Colin & Bahn, Paul: *Archaeology: Theory, Methods and Practice*, Thames & Hudson, London, 2016

Rice, Michael: *Who's Who in Ancient Egypt*,

Routledge, London, 2001

Schliemann, Heinrich: *Mycenae: A Narrative of researches and discoveries at Mycenae and Tiryns*, HardPress Publishing, USA, 2013

Thompson, Jason: *Wonderful Things: A History of Egyptology*, The American University in Cairo Press, Cairo, 1841

White, Tim D. & Folkens, Pieter A.: *The Human Bone Manual*, Academic Press, Oxford, 2005

Wilkinson, T. J.: *Archaeological Landscapes of the Near East*, University of Arizona Press, Tucson, 2003

Winckelmann, John & Lodge, G. Henry: *History of Ancient Art* (Vols I & II), Wildside Press, Maryland, 2011

Woodward, Christopher: *In Ruins*, Vintage, London, 2002

Xiaoneng Yang, *New Perspectives on China's Past: Chinese Archaeology in the Twentieth Century*, Yale University Press, London, 2004

The author would like to acknowledge the research assistance of some journals, in particular: *Archaeology, Current Archaeology, National Geographic, Nature, New Scientist and The Smithsonian.*

图片来源

AKG Images: 113.

Alamy: /Paul Fearn: 86t, /National Geographic Creative: 88bl, /National Geographic Creative: 96t, /Travel India: 118, /Top Photo Corporation: 132–33, /David Warren: 242b, /David Warren: 243tl, /Images & Stories: 247r.

Bridgeman Art Library: 33 (Obelisk of Cleopatra [w/c on paper], Denon, Dominique Vivant [1745–1825]/Private Collection/The Stapleton Collection), 40 (Charles Townley and his Friends in the Towneley Gallery, 33 Park Street, Westminster, 1781–83 [oil on canvas], Zoffany, Johann [1733–1810]/Towneley Hall Art Gallery and Museum, Burnley, Lancashire), 44 (Detail of fountain and birds from a garden painting, House of the Golden Bracelet, Pompeii, Roman, [1st century AD]/Museo Archeologico Nazionale, Naples, Italy/ De Agostini Picture Library/L. Pedicini), 58 (T. E. Lawrence [b/w photo]/Private Collection/Photo © Tallandier, 59b (England/UK: Gertrude Bell visiting archaeological excavations in Babylon, Iraq, 1909/Pictures from History), 71 (China: Qin Shu Huang/Qin Shi Huangdi, First Emperor of a unified China [r.246–221 BCE]/Pictures from History).

British Library (Public Domain): 59t.

Diomedia: /Aurora Photos RM/Randy Olson: 122t.

Getty Images: /Paul D. Stewart: 19, /duncan1890: 32, De Agostini/G. Dagli Orti: 38–39, 41, /DEA/s. Vannini: 45, /ullstein bild: 46b, /Universal Images Group: 48t, /Leemage: 48b, /DEA/ CHOMON: 50b, /Hulton Deutsch: 52, /DEA/G. Dagli Orti: 55, /ullstein bild: 61, /Werner Forman: 62, /William West: 77b, /Bettmann: 89b, /DEA/C. Sapper: 100b, /DEA Picture Library: 102t, /Mahmoud Zayyat: 104–05, /Hulton Archive: 108b, /Christophel Fine Art: 109, 111, /Universal Images Group: 114–15, /Anadolu Agency: 115, /Central Press: 120b, /DEA/A. Dagli Orti: 121, / DEA/A. Dagli Orti: 125, /DEA Picture Library: 130t, /Sakis Mitrolidis: 146t, /Express: 156, /Werner Forman: 157t, 163t, /A. Cook: 165tl, / Werner Forman: 167, /Bettmann: 175, /Ira Block: 176t, /Bloomberg: 177b, /DEA/G. Dagli Orti: 181b, /Orlando Sierra: 186b, /Photo 12: 189, /Jean-Luc Rollier: 199t, /suraak: 211, /AFP: 227, /DEA/S. Vannini: 236bl, /Ted Spiegel: 236br, /Brian Ach: 246b, /Mohamad Al Sehety: 25l.

Library of Congress: 176–77, 178, 198.

Mary Evans Picture Library: /Thaliastock: 49b.

NASA: 78t.

The Metropolitan Museum (public domain): 103 (Dodge Fund, 1933), 117b (Purchase, Anonymous Gift and Rogers Fund, 1978), 123 (Dodge Fund, 1949), 128–29 (Munsey Fund, 1931), 154t (The Elisha Whittelsey Collection, The Elisha Whittelsey Fund, 1959), 183b (The Michael C. Rockefeller Memorial Collection, Gift of Mr and Mrs Raymond Wielgus, 1963), 203br (Gift of Florence and Herbert Irving, 1992), 206 (Rogers Fund, 1918), 207 (The Harry G. C. Packard Collection of Asian Art, Gift of Harry G. C. Packard, and Purchase,

图书在版编目（CIP）数据

考古学：发现世界的秘密 /（英）盖纳·艾尔特南
（Gaynor Aaltonen）著；胡群琼，白芸子译 . -- 重庆：
重庆大学出版社 , 2021.11

（懒蚂蚁系列）

书名原文：Archaeology：Discovering the
World's Secrets

ISBN 978-7-5689-2920-2

Ⅰ.①考… Ⅱ.①盖… ②胡… ③白… Ⅲ.①考古学
– 通俗读物 ②世界史 – 通俗读物 Ⅳ.① K851–49 ② K109

中国版本图书馆 CIP 数据核字（2021）第 171611 号

考古学：发现世界的秘密

KAOGUXUE: FAXIAN SHIJIE DE MIMI

［美］盖纳·艾尔特南（Gaynor Aaltonen） 著
胡群琼 白芸子 译
策划编辑：王 斌
责任编辑：赵艳君   版式设计：原豆文化
责任校对：王 倩   责任印制：赵 晟
　　＊
重庆大学出版社出版发行
出版人：饶帮华
社址：重庆市沙坪坝区大学城西路21号
邮编：401331
电话：（023）88617190 88617185（中小学）
传真：（023）88617186 88617166
网址：http://www.cqup.com.cn
邮箱：fxk@cqup.com.cn（营销中心）
全国新华书店经销
重庆新金雅迪艺术印刷有限公司印刷
　　＊
开本：889×1194mm 1/16 印张：16.5 字数：449 千
2022年1月第1版   2022年1月第1次印刷
ISBN 978-7-5689-2920-2   定价：98.00元